Das Camping

RÄTSELBUCH

letsplayrideandseek
2

Rätselreise in die Camping-Welt

Dieses Buch ist viel mehr als ein Rätselbuch. Es ist eine abenteuerlustige Rätselreise kreuz und quer durch Deutschland und Europa. Campingwissen, Sehenswürdigkeiten, Besonderheiten unserer Nachbarländer, Nationalparks und vieles mehr warten auf dich in Form von unterhaltsamen Rätseln.
Bis du bereit? Dann teste mit spannenden Quizfragen und Kreuzworträtseln dein Wissen von Zubehör, Historie und Spezialbegriffen. Entdecke, welche Fehler sich im Caravan-Bild eingeschlichen haben. Entwirre durcheinandergewirbelte Camping-Sprüche. Suche im Zahlenwirrwarr nach dem Jahr, in dem das erste deutsche Wohnauto gebaut wurde und erkenne an der ersten Zeile beliebte Lagerfeuer-Gitarrensongs.
Bist du bereit für deine ultimative Rätselreise? Dann tauche ein in dieses einzigartige Rätselbuch für Camping-Fans! Denn eines wissen alle Camper:
Die einzige Reise, die man bereut, ist die, die man nicht macht.

Camping gut, alles gut!

Wie heißt es so schön? Hotel kann jeder ... Beim Camping hat man aber nicht nur maximale Freiheit, sondern auch Verantwortung für seinen Urlaub. Sich ein bisschen Wissen anzueignen kann da nicht schaden ... Von A wie Auflastung bis Z wie Zwangsentlüftung – es gibt eine ganze Menge Begriffe, die nur Insidern etwas sagen. Wie gut kennst du dich aus? Kannst du die Fragen beantworten?

1 Wie heißt der Aufsatz auf einem Camper, der über die Standardhöhe des Fahrzeugs hinausgeht? Er ermöglicht zum Beispiel einen kleinen Schlafplatz.

2 Was hilft, zusammen mit einer Andruckstange, dabei, das Vorzelt beim Übergang zum Wohnwagen komplett abzudichten?

3 Durch welches Zubehör lassen sich kleinere Unebenheiten nivellieren, damit dein Caravan gerade steht?

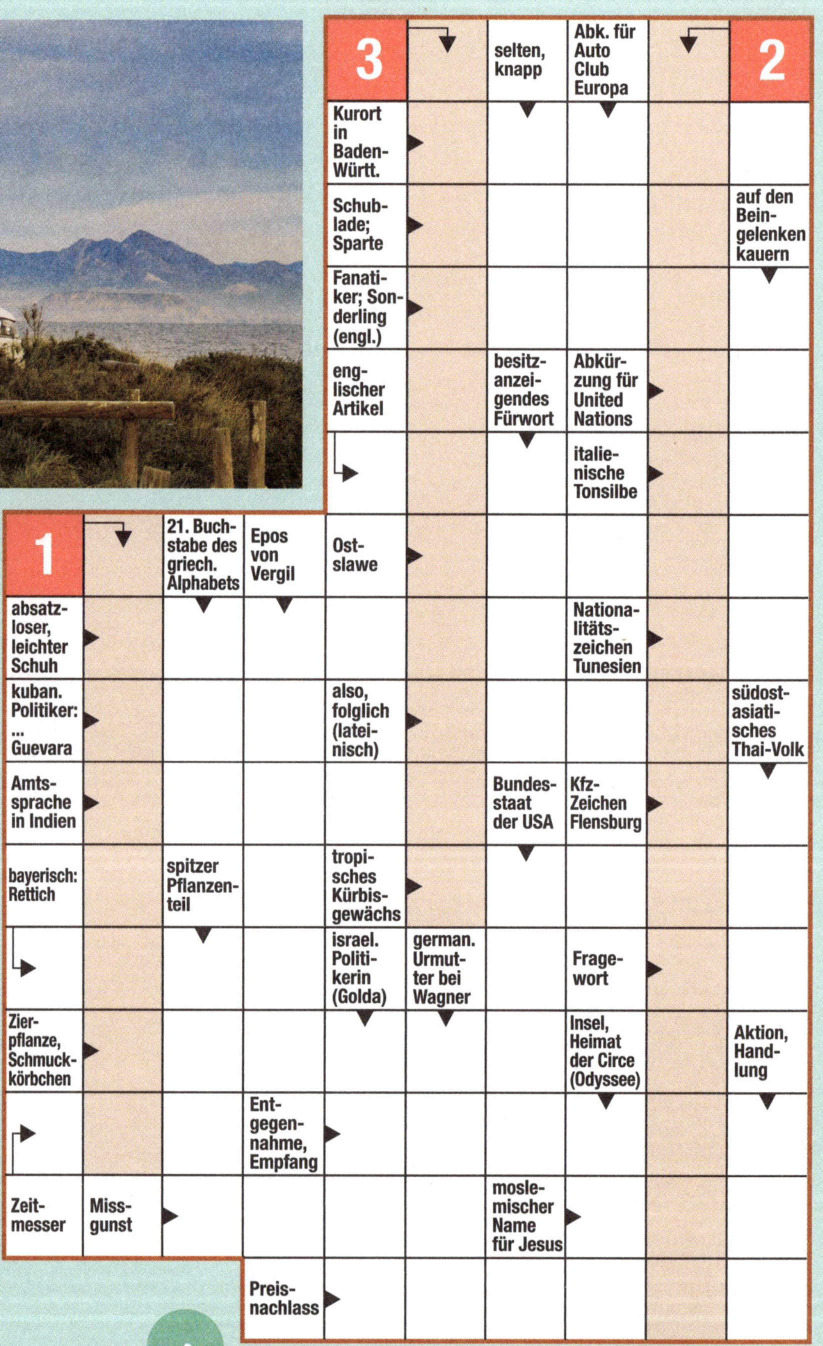

Ein Camper und ganz viel Natur ...

Ob auf dem Campingplatz in Gesellschaft oder an abgelegenen Orten und allein – Camper haben die Wahl. Während auf einem Platz der Brötchenservice lockt und ein nettes Café schnell erreichbar ist, fasziniert auch die Freiheit, einfach mal allein in der Natur zu übernachten und am nächsten Morgen beim ersten Kaffee die frische Luft und die fantastische Landschaft zu genießen, so wie der Camper auf dem Puzzle. Wenn du wissen möchtest, wo unser Camper gerade steht, dann setze die Puzzleteile richtig ein!

1	2	3	4	5	6	7	8

Orte

am Rhein

Der Rhein ist einer der längsten Flüsse Europas: Von seinen Quellflüssen im Schweizer Kanton Graubünden bis zur Mündung in die niederländische Nordsee legt er 1233 km zurück. Wunderschöne Ortschaften, einige Großstädte, Burgen, Schlösser und Weingebiete säumen seinen Weg – eine Reise entlang des Rheins verspricht Abwechslung, kulinarische Highlights und viele historische Sehenswürdigkeiten. Bevor du deine Reise planst: Ordne die folgenden Städte in Fließrichtung und errate das Lösungswort, das ein beliebtes Ausflugsziel am Rhein ist!

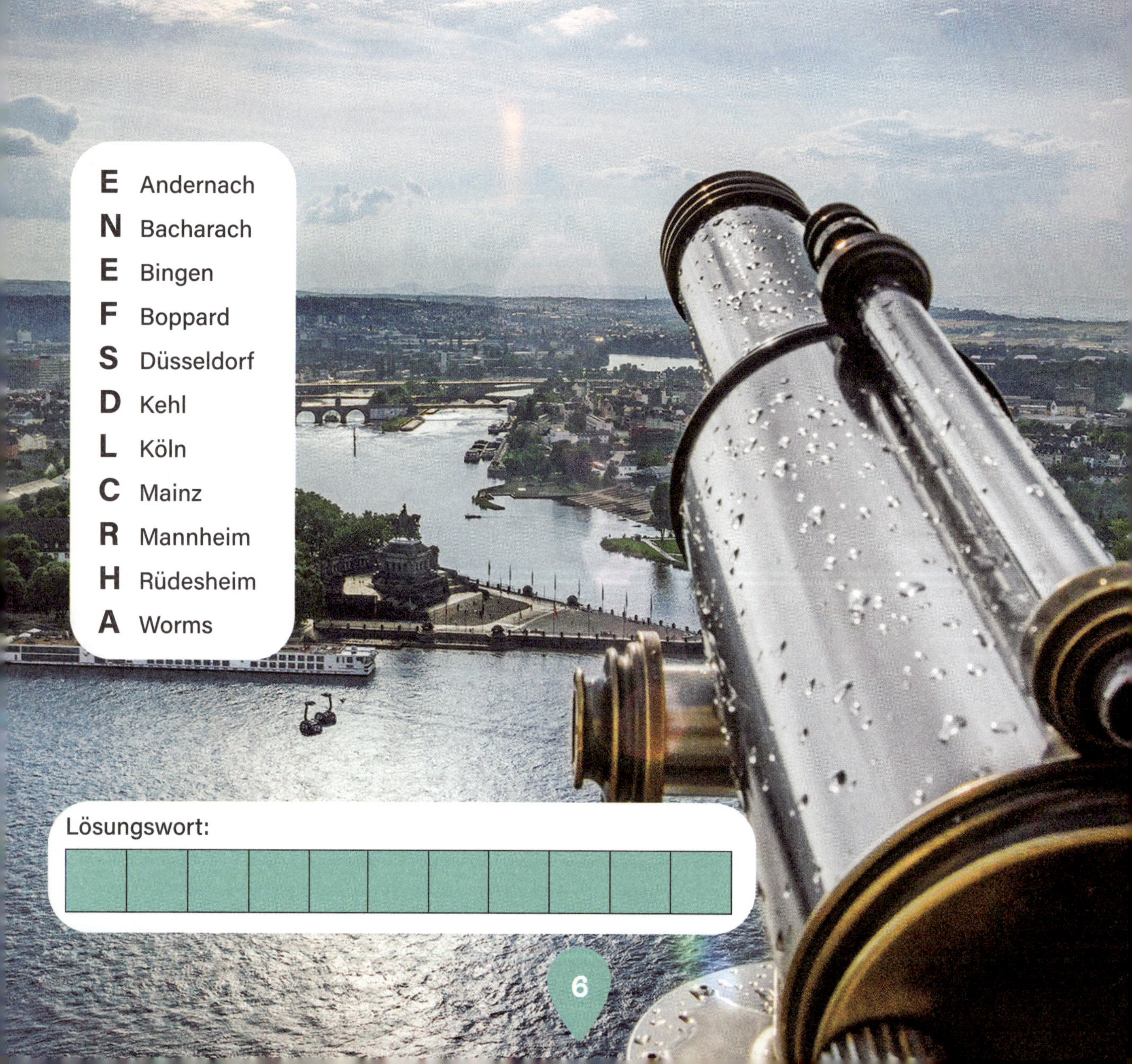

E Andernach
N Bacharach
E Bingen
F Boppard
S Düsseldorf
D Kehl
L Köln
C Mainz
R Mannheim
H Rüdesheim
A Worms

Lösungswort:

Wo geht's lang?

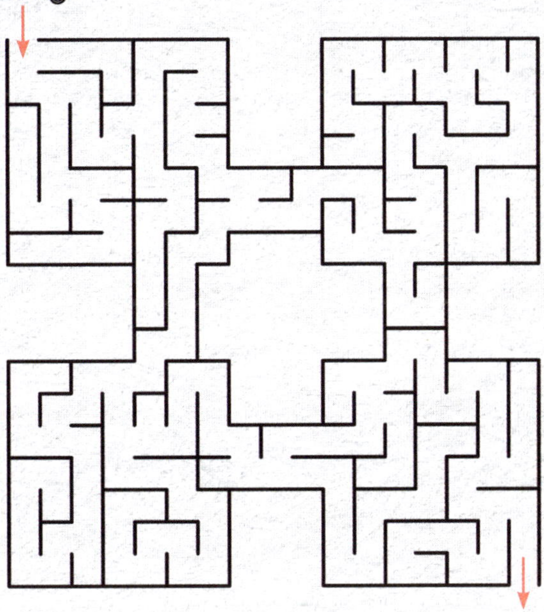

Wenn man nach einer langen Fahrt endlich den ersehnten Campingplatz erreicht, muss man eine letzte Hürde meistern: die Parzelle finden. Wie ungünstig, dass gerade dieser Campingplatz einem Labyrinth ähnelt! Aber mit ein wenig Geduld wirst du auch diese Aufgabe meistern.

Prösterchen!

Geschafft! Die lange Fahrt, die mühsame Suche nach der Parzelle und der Aufbau des Vorzelts liegen hinter dir. Jetzt bemerkst du erst, was für einen Durst du hast. Ein Radler ist jetzt genau das Richtige! Du magst es gern leicht und trinkst am liebsten im Verhältnis 1/3 Bier und 2/3 Limonade. Aber weil du so einen Durst hast, mischst du wie wild drauflos:

Du trinkst erst ein Glas Limonade zur Hälfte aus. Dann schüttest du die andere Hälfte mit Bier auf. Anschließend trinkst du das Glas zu einem Drittel aus und schüttest das fehlende Drittel mit Bier auf. Dann trinkst du das Glas zu einem Sechstel aus und schüttest das fehlende Sechstel mit Bier auf, bevor du das Glas ganz leer trinkst. Was meinst du: Hast du zum Schluss mehr Limonade getrunken, mehr Bier oder gleich viel von beidem?

Yes, we camp!

Campen verbindet. Kommen sich zwei Caravans auf der Straße entgegen, ist ein Gruß selbstverständlich. Zwischen Campern herrscht ein freundlicher Umgangston, man hilft sich gegenseitig, leiht sich die Wasserwaage aus und ist aufgeschlossen für neue Bekannte. Gleichzeitig liebt man die Freiheit, die ein Camping-Urlaub ermöglicht. Wenn du die folgenden, leider ziemlich unverständlichen Konsonantenabfolgen mit den richtigen Vokalen auffüllst, entschlüsselst du drei lustige Sprüche, die genau dieses Lebensgefühl widerspiegeln. Damit es noch ein wenig schwieriger wird, ist die Reihenfolge der Wörter komplett vertauscht und die Satzzeichen sind verschwunden!

1 □B□R C□MP□NG □ST □□N □HN□
S□NNL□S L□B□N M□GL□CH

2 □NF□NG□R □RL□□□B PR□F□S
G□H□N C□MP□N M□CH□N

3 W□R Z□H□□S□ P□RK□N
□ST D□ W□

Einfach traumhaft

Gemeinsam den Sonnenuntergang zu genießen und dabei den Strand gefühlt für sich allein zu haben – das sind Erlebnisse, an die man sich noch lange erinnert, besonders, wenn es ein Foto davon gibt. Leider ist da aber etwas durcheinandergeraten ...
Hilfsbereit wie du bist, bringst du sicher gern Ordnung in das Bilderchaos, indem du die Streifen von oben nach unten in die richtige Reihenfolge sortierst!

Der Bulli: A Star ist born

Er fuhr sich über Generationen in die Herzen seiner Besitzer, die mit ihm als rollendes Bett zu immer neuen Abenteuern aufbrechen konnten. Der Bulli steht für Love, Peace & Happiness wie kein zweites Gefährt, dank seiner kompakten Größe geht mit ihm (fast) alles. Wusstest du, dass du es bei ihm mit einem echten Filmstar zu tun hast, der in Blockbustern und Kultserien mitspielen durfte? Vielleicht führen dich die folgenden Hinweise und Fragen auf die richtige Fährte ...

1 **In welchem Film hatte der T1 seinen Auftritt?**
Der Blockbuster aus dem Hause Pixar spielte sich 2006 in die Herzen von Millionen Zuschauerinnen und Zuschauern.

2 **In welchem Überraschungserfolg hatte der T2 eine wichtige Rolle?**
Eine Familie voller skurriler Charaktere reist im T2 zu einem Schönheitswettbewerb nach Los Angeles. Der Roadtrip entwickelt sich schlussendlich zu einer von Erfolg gekrönten Familientherapie.

3 **In welcher Kult-Serie aus den 1980ern wird der T3 gewürdigt?**
Er gehört zum Firmenpark von „Island Hoppers“, sein Besitzer ist Hubschrauberpilot auf Hawaii und der Kumpel einer der berühmtesten Privatdetektive der TV-Serien-Geschichte.

weiches Inneres von Brot; Brosame | Staat in Nahost, Persien | veraltet: Landarbeiterin | lange, schmale Vertiefung | kostbarer Edelstein | kleine Treppe; flache Kiste | chem. Element, Seltenerdmetall | Ostasiat | 2 | zu der Zeit, während

ital. Seebad an der Adria | nachhallender Ton, Klang | Modell, Bauart

radioaktives Schwermetall | Kloster | Bestand, tatsächlicher Vorrat

3 | nicht heiter; seriös | Holzblasinstrument

Schluss | US-Boxlegende (Muhammad) | Porzellanstadt in Oberfranken | knappes Oberteil (engl.)

natürlicher Kopfschmuck | früherer Name Thailands | Verkehrsstockung

griech. Göttin der Morgenröte

Behauptung, Leitsatz | niedersächsische Stadt | abwertend: reicher Mann | Honigwein

italienisch: Vorwärts! | germanische Gottheit

weibliches Haustier

Schauspiel | 1 | Verwundung durch ein Tier | Fleck; Zeichen

große Tür, Einfahrt | ältester Sohn Noahs

englisch: Eis | elektr. geladenes Teilchen

nicht neues Gebäude | tschechische Hauptstadt | Auslese der Besten | afrikanischer Strom

Form des Sauerstoffs

Kaffee nach italienischer Art | Fußglied | slaw. Herrschertitel | med. Fachgebiet (Abk.)

Joghurt mit Knoblauch und Gurke | spanischer Artikel

Fremdwortteil: neu (griech.)

Gesandter des Papstes | sich recken und dehnen

Woher kommen die denn?

Während langer Fahrten auf der Autobahn sind Nummernschilderraten immer eine sehr beliebte Freizeitbeschäftigung. Kennst du auch, oder? Wir machen es noch ein bisschen schwerer: Kannst du mit den folgenden Hinweisen die Nummernschilder entschlüsseln?

Die Unterfranken mögen es gar nicht, wenn man ihre Stadt so ein Kaff nennt. **-T 111**

Im Odenwald gehört ein Schloss zur kulturellen Hinterlassenschaft. **-E 222**

Ob der Maler Emil jemals in Niesky war? **-DE 333**

Am „Tor zum Schwarzwald" lauert ein Märchenungeheuer. **-ER 444**

Ein Signalhorn schallt durch die Stadt im oberen Donautal. **-E 555**

Eine Sonderkommission ermittelt bei der Kripo in Schleiz. **-O 666**

Bei den Luisenburg-Festspielen hat sich jemand verletzt. **-D 777**

An der Krämerbrücke rankt sich diese Pflanze nicht hoch. **-EU 888**

Im botanischen Garten der Martin-Luther-Universität wächst einer. **-M 999**

Die Mutter des Zeus war sicher nie im Schloss Ratibor zu Besuch. **-EA 110**

Wer bin ich?

1 Touristisch bin ich noch ziemlich unbekannt, aber ich bin das wohlhabendste Land, das aus dem ehemaligen □□□□■□□■□□□ hervorgegangen ist.

2 Ich habe nur 2 Millionen Einwohner und bin nur etwas größer als Rheinland-Pfalz. 62 Prozent meiner Staatsfläche sind bewaldet, rund 13 Prozent stehen unter Naturschutz. Möglicherweise ist das der Grund, warum ich der EU-Staat mit der größten □□□□■□□□□□□□□ bin.

3 Jede fünfzigste weltweit bekannte Tier- und Pflanzenart sind bei mir zu Hause, auch Wölfe, Luchse und □□■□■□.

4 Ich grenze an Italien und ■□□□□□□□□□□.

5 Ich grenze auch an Kroatien und □□□□□■.

6 Ich habe eine kleine Küste und hohe Berge. Die Karawanken und die julischen Alpen sind meine Hochgebirgszüge. Mit 2864 Metern ist der □□■□□□□ mein höchster Berg.

7 In meiner Hauptstadt ■□□□□□□□□ ist die gesamte Altstadt denkmalgeschützt. Ich bin uralt und meine Name bedeutet so viel wie „geliebte Stadt“.

Wenn du alle Fragen richtig beantwortest und die Buchstaben in den gelb hinterlegten Kästen in die richtige Reihenfolge bringst, weißt du, wer ich bin.

Lösungswort: □□□□□□□□□

Hoch die Hände, Wochenende!

Du hattest dich auf einen kleinen Trip am Wochenende gefreut – doch so ganz spielt das Wetter nicht mit. Oder doch?
Weil es in der vorletzten Woche stark geregnet hat, steigt der Pegel der Elbe seit 1 Woche täglich um 1,5 cm. Der Wasserstand vor dieser Regenperiode lag bei deinem Stellplatz bei 1,25 m. Bei einem Wasserstand von 1,40 m musst du dringend weiterfahren. Wie lange kannst du noch an der Elbe ausspannen?

Raus aufs Land!

Autolärm und stickige Luft – im Kino läuft auch nichts Spannendes: Stadtkoller macht sich breit. Die Lösung liegt nah: Einfach übers Wochenende einen Kurztrip unternehmen. Dein Wunschziel ist auf der Karte 10,8 cm von deinem Heimatort entfernt. Auf einer Landkarte entsprechen 15 cm auf der Karte 1275 km in der Wirklichkeit. Wie viele Kilometer sind zu fahren?

Wo sich Fuchs und Hase gute Nacht sagen ...

... genau da fängt die Erholung erst so richtig an. Was im Großstadtdschungel unmöglich ist, ist in der Natur faszinierend: Tiere beobachten, Fährten lesen, Geräusche wahrnehmen. Doch viele der Tiere sind nachtaktiv – da ist es gar nicht so einfach, irgendetwas zu erkennen. Man muss schon ziemlich genau hinsehen, um etwas zu erkennen. Mindestens genauso knifflig ist es, die Redewendung in diesem Rätsel zu entschlüsseln. Im übertragenen Sinne besagt diese, dass die Unterschiede zwischen Menschen, Stand und Überzeugung je nach Situation nicht immer sichtbar sind ... Achtung, Angeberwissen: Ursprünglich stammt die Redewendung aus „Don Quijote" von Cervantes.

Suche über die Verbindungslinien der Kreise immer die richtigen Anschlussbuchstaben, sodass sich die Redewendung ergibt, wenn du schließlich beim U im Mittelkreis ankommst. Beginne in der linken oberen Ecke.

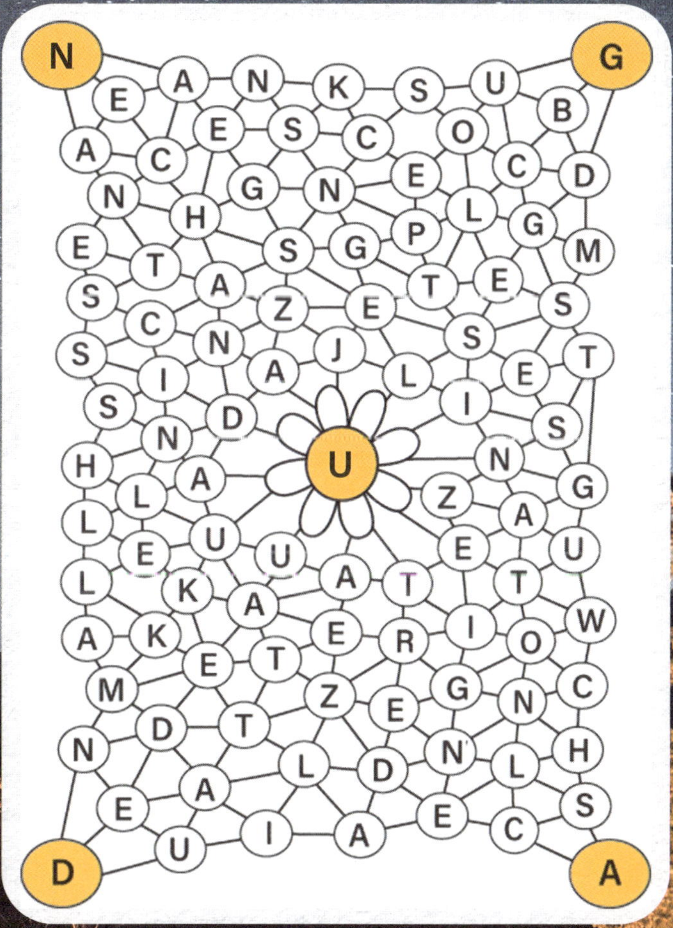

Camping-Wissen

Im folgenden Rätsel kannst du prüfen, wie gut du dich beim Camping auskennst! Die Wörter beginnen immer jeweils an den Zahlen und enden vor der nächsten Zahl. Wenn du alles gelöst hast, zeigen dir die Buchstaben in den farbigen Feldern einen scherzhaften Namen für Dauercamper an. Du musst sie nur noch in die richtige Reihenfolge bringen ...

1 Welcher Begriff bezeichnet das Recht, überall sein Zelt aufstellen zu dürfen.

2 Wie nennt man die Schlafnische über dem Fahrerhaus eines Wohnmobils?

3 Welcher Begriff wird für Luxuscamping verwendet?

4 Wie bezeichnet man ein Wohnmobil, das innerhalb von 2 Stunden von 0 Grad auf 20 Grad aufheizen kann?

5 Wie heißen die Befestigungsnägel für Abspannvorrichtungen bei Zelten?

6 Den Platz, den man auf dem Campingplatz zugewiesen bekommt, nennt man wie?

7 Allradgetriebene Fahrzeuge, die abseits befestigter Straßen fahren können, hören auf welchen Namen?

8 Wie nennt man ein besonders kleines Reisemobil?

9 Wie nennt man die letzte Fahrt und das Abstellen des Wohnmobils vor der Winterpause?

Lösungswort:

Großes Hallo!

Manchmal gibt es schöne Zufälle! Die nette Familie mit den vier Jungs von letztem Jahr, mit denen sich eure Kinder so gut verstanden haben, ist auch wieder hier! Alle freuen sich, aber die Namen der vier Jungs, die fallen euch einfach nicht ein ... Vielleicht klappt es ja mit dieser Hilfestellung!

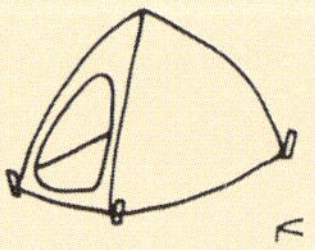

- Leo ist 13 Jahre alt.
- Mika ist nicht blond.
- Jim sitzt ganz rechts, aber nicht neben Leo.
- Zwischen dem 13-Jährigen und dem 15-Jährigen sitzt ein 10-jähriger Junge.
- Jim ist sieben Jahre alt.
- Max sitzt zwischen Mika und Leo
- Jim hat ein gelbes T-Shirt an.
- Der Junge mit dem grünen T-Shirt ist 15 Jahre alt.
- Leo hat ein rotes T-Shirt an und ist schwarzhaarig.
- Der Junge mit dem gelben T-Shirt hat braune Haare.
- Mika hat kein blaues T-Shirt an.
- Leo, Mika, Jim und Max haben unterschiedliche Haarfarben.

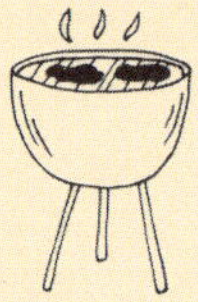

Alles klar, oder? Dann weißt du ja auch, wie die Jungs heißen und welcher von ihnen welcher ist. Kleiner Tipp: Trag in die Tabelle alles ein, was du weißt ...

Name				
Alter				
Haarfarbe				
T-Shirt-Farbe				

Hopp Schwiiz!

Das gebirgige Land im Herzen Europas ist wie geschaffen für einen Campingurlaub. Bekannt für seine Schokoladenproduktion, berühmt für die vielfältige Käseherstellung und bewundert für Uhren der Spitzenklasse ist die Schweiz vor allem wegen ihrer spektakulären Natur ein überaus beliebtes, wenn auch leider recht kostspieliges Reiseziel. Du meinst, die Schweiz schon gut zu kennen? Dann dürften dir die folgenden Fragen nicht schwer fallen und du hast bestimmt fix das Lösungswort beisammen!

1 Wie heißt der berühmteste Berg der Schweiz?

2 Was in Deutschland ein Bundesland, hört in der Schweiz auf diesen Namen.

3 Oberhalb von Luzern, genau genommen vom Berg Pilatus, hat man einen atemberaubenden Blick auf diesen wunderschönen See.

4 Wie heißt die Kulturmetropole, in der der „Rheinschwumm" Jahr für Jahr Tausende von Besuchern anzieht?

5 Neben unzähliger Dialekte gibt es in der Schweiz vier Hauptsprachen: Deutsch, Italienisch und Französisch sind drei von ihnen. Wie lautet die vierte?

6 Die Schweiz hat zahlreiche Autoren hervorgebracht, die es zu Weltruhm gebracht haben. Neben Dürrenmatt und Frisch gehört dazu sicher auch Gottfried, Gottfried ... wie war noch mal sein Nachname?

7 Neben Schokolade gehört auch diese süße Versuchung zu den kulinarischen Exportschlagern.

8 In welchem Kanton entspringt der Rhein?

9 Er gehört zu den wasserreichsten Wasserfällen Europas. Wie heißt er auf Schweizerdeutsch?

10 Wie heißt die Bahn, mit der man auf 3454 Meter zum höchstgelegenen Bahnhof der Welt gelangt?

Urlaub in Deutschland

Bei euren letzten Urlauben in Deutschland habt ihr viel gesehen und erlebt. Die Antworten dürften dir also leicht fallen – wären bloß nicht die Buchstaben durcheinandergeraten. Bring sie in die richtige Reihenfolge und finde so die Lösungen!

1 Was ist kein Fluss?

A) SRWEE
B) EPESR
C) HRINE
D) EBASL

2 Was ist kein See?

A) EBOSENED
B) ESMAMERE
C) ESIGEEL
D) SUELCHESCH

3 Was ist keine Stadt?

A) AHNENVOR
B) TEMUWTRST
C) IPLIEZG
D) ONDERRPAB

4 Was ist kein Berg?

A) ZAMWANNT
B) GERDBELF
C) BOBIFERKP
D) MEFERLAUSD

5 Was kann man nicht essen?

A) KESSENUC
B) TUSBRRATW
C) ODELURA
D) REDNUGRUBUARG

Zurück zur Natur!

1	1	6	5	7	9
3	6	9	8	8	4
6	3	7	9	3	7
1	2	3	5	5	1
9	8	9	5	2	1
7	6	7	1	2	4

Frei zu sein und eins mit der Natur – genau das lieben Camper auf der ganzen Welt. Wenn nur nicht diese kleinen fiesen Dinger wären. Stechmücken! Kaum vergisst man mal den Insektenschutz, schon hat man am nächsten Morgen den Salat, bzw. Stiche.
In Europa gibt es ganze 104 Arten von ihnen – mit keiner einzigen möchte man näher Bekanntschaft machen. Aber wie viele Arten gibt es eigentlich weltweit? Die Lösung findest du in diesem Rätsel. Wenn du die unten aufgeführten Zahlenkombinationen findest und durchstreichst, bleibt eine Zahlenabfolge stehen, die dir die Anzahl nennt – von unten nach oben gelesen. Beachte aber: Die Zahlenkombinationen können in alle Richtungen verlaufen – waagerecht, senkrecht, diagonal, vorwärts und auch rückwärts.

631 – 1749 – 125 – 7124 – 589 – 5387 – 596 – 197 – 16328

Beliebte Campingregionen in Deutschland

Teile die folgende Silbenschlange richtig ab und setze sie neu zusammen – so erhältst du 15 der beliebtesten Urlaubsziele Deutschlands. Bestehen die Bezeichnungen aus mehreren Wörtern, so sind diese zusammengeschrieben. Auch Bindestriche entfallen.

KANWALDCHIEMALLHARZDENLANDGAEUBOSCHWEIZMOSPREEUVULNORDDOMSEE
PLATSCHWARZEIWALDSEEGAUBERCHBURSEENSAECHOSTFELMECKSELSISEGARSEE
SCHETEDENSCHEERLENGITES

Moin, Moin!

Weiße Kreidefelsen, duftende Kiefernwälder, elegante Seebäder, alte Seebrücken, wunderschöne Strandpromenaden und natürlich Bernstein und Strandkörbe – denkt man Ostsee, hat man sofort tolle Bilder im Kopf. Es wundert nicht, dass die Ostsee zu den beliebtesten Campingzielen Deutschlands zählt. Warst du auch schon dort? Dann kannst du möglicherweise die folgenden drei Fragen beantworten:

1. Wo liegt das älteste Ostseeheilbad Deutschlands?
2. Auf welcher Insel befindet sich die längste Strandpromenade Europas?
3. In welchem Ostseebad gab es die erste Strandkorbvermietung?

Verbindungslinie, -stelle
ugs. für nein
dt. Schauspieler: ... Schweiger
Name zweier Rheinzuflüsse
Ansammlung kleiner runder Steine
Ersatzanspruch
deutsche Filmdiva (Hildegard)
gepflegt, sauber; hübsch
Begriff aus der chin. Philosophie
kostbarer Duftstoff tierischer Herkunft
Laubbaum, Rüster
ein Wacholderbranntwein

das klassische Altertum
Waren-, Bücherverzeichnis

1
Segelbefehl

Teil des Essservices
in Besitz nehmen, besetzen

Wissenschaft vom Schönen
zu keiner Zeit
Edelgas

Mittel zum Waschen
Kante, Winkel (süddeutsch)
vor dem Erkanntwerden schützen

kleinere Glaubensgemeinschaft
aufgebrühtes Heißgetränk
schwed. Chemiker u. Erfinder (Alfred)

Begleitmannschaft
frühere französische Münze
Ansprache, Vortrag
Kurzschrift (Kurzwort)

englisch: auf; an

3
Asiat, Kaukasier
herbei, hierher (ugs.)
Plüschpullover
Europ. Weltraumorganisation (Abk.)
große Warenausstellung
Abk. für Norddeutscher Rundfunk
bevor
germanischer Gott des Feuers
Hafenstadt in Jemen

Frau Jakobs im A. T.

elternloses Kind
Ringel-, Saugwurm
Stadt am Teutoburger Wald

Notizbuch; Tagesordnung
Nahrungsmittel aus Sojabohnen
Platz, Stelle

amerik. Filmlogonde (Burt)
Speise, Verpflegung
Gegenpunkt des Zenits
lateinamerik. Tanz im 2/4-Takt
Handlung, Unternehmung

breiter Riemen
weicher griech. Schafskäse
englische Schulstadt
Opernsologesang

chinesischer Palasthund
Spaß; Unfug
französisch: Wasser
blütenlose Wasserpflanze
fettfreies Kosmetikum

2
unangenehm
Zeichen für Milligramm

keltischer Sänger, Dichter
Koseform für Großmutter

innerasiatisches Gebirge
Harnstoff (lateinisch)
schmaler Bergeinschnitt

Ein bisschen Schatten wäre schön ...

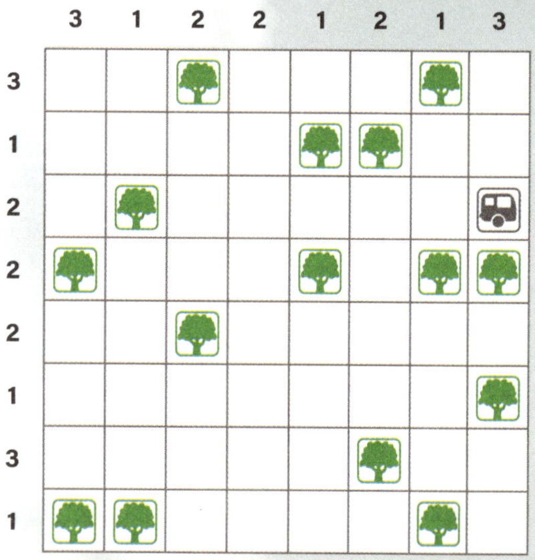

Ein Campingplatzbetreiber hat's auch nicht immer leicht. Alle wollen einen Baum, aber auch ein bisschen Privatsphäre ... Hier siehst du den Campingplatz von oben. Neben jedem Baum darf ein Wohnwagenanhänger stehen. Die Anhänger dürfen sich allerdings dabei nicht berühren, auch nicht diagonal. Die Zahlen am Rand geben an, wie viele Wohnwagenanhänger sich in der entsprechenden Zeile oder Spalte befinden dürfen. Mit einem Anhänger helfen wir dir schon mal. Kannst du die anderen 14 richtig platzieren?

Zu schnell unterwegs

Verflixt und zugenäht! Du hältst dich ja eigentlich immer an die Tempolimits, aber heute warst du etwas unaufmerksam und hast die 30er-Zone nicht mitbekommen. Prompt blitzte es auf! Jetzt heißt es: Nicht ärgern, sondern einen kühlen Kopf bewahren!

Die folgenden 21 Zahlenkombinationen sind im Kasten versteckt. Sie können dabei allerdings in alle Richtungen verlaufen, auch rückwärts und diagonal.

645 - 371 - 4878 - 53218 - 7977 - 1041 - 4434 - 6684 - 2952 - 1326 - 120 - 6269 - 7551 - 499 - 3953 - 145 - 719 - 7266 - 598 - 107 - 854

Wenn du alle gefunden hast, bleibt eine Zahlenkombination stehen, die dir verrät, wann die Verkehrssünderdatei in Flensburg eingerichtet wurde.

2	5	9	2	1	4	3	5	9	3	1	7	9	7	7	6	1	0	7	4
6	5	9	8	7	5	8	9	8	5	4	0	2	1	6	1	1	7	3	8
4	9	6	2	6	1	5	7	4	4	3	4	5	2	4	1	3	2	6	6
5	1	0	4	1	8	9	7	8	9	9	4	7	5	8	1	2	3	5	6

Lagerfeuer-Romantik

Eigentlich hättest du lieber deine Ruhe – aber so ist es nun mal: Irgendeiner holt immer eine Gitarre raus. Und während die Gruppe am Lagerfeuer zusammensitzt und mitsingt kannst du nicht anders ... du versuchst, zu erkennen, was gerade gespielt wird. Schließlich kommen dir alle Lieder total bekannt vor ...
Kannst du die Lagerfeuer-Dauerbrenner an den ersten Zeilen erkennen und richtig zuordnen?

1 Ich wart' seit Wochen auf diesen Tag

A) New York, Rio, Rosenheim (Sportfreunde Stiller)
B) Gekommen um zu bleiben (Wir sind Helden)
C) Auf uns (Andreas Bourani)
D) Tage wie diese (Die Toten Hosen)

2 How many roads must a man walk down before you call him a man?

A) Feeling Good (Nina Simone)
B) You Don't Have To Say You Love Me (Dusty Springfield)
C) Blowin' In The Wind (Bob Dylan)
D) She's Not There (The Zombies)

3 When I find myself in times of trouble, Mother Mary comes to me

A) Wild Horses (Rolling Stones)
B) You Really Got Me (The Kinks)
C) I'm Waiting For The Man (The Velvet Underground)
D) Let It Be (Beatles)

4 Die Welt schaut rauf zu meinem Fenster mit müden Augen ganz staubig und scheu

A) Junimond (Rio Reiser)
B) Gehen oder bleiben (Juli)
C) Tausend Tränen tief (Blumfeld)
D) Wir verlassen die Erde (Die goldenen Zitronen)

5 **Almost heaven, West Virginia, Blue Ridge Mountains, Shanandoa River**

A) Darkness On The Edge Of Town (Bruce Springsteen)
B) Country Roads (John Denver)
C) Until It's Time For You To Go (Neil Diamond)
D) Runnin' Down A Dream (Tom Petty)

6 **Love is a burning thing and it makes a fiery ring**

A) Lovin' Her Was Easier (Kris Kristoffersen)
B) Burn Me Down (Marty Stuart)
C) I Needed You (Townes van Zandt)
D) Ring Of Fire (Johnny Cash)

Wo geht's denn bitte zum Campingplatz?

Herrlich, wenn der Campingplatz schön abgeschieden liegt! Dumm aber, wenn aus Wirtschaftswegen ein echtes Labyrinth entsteht. Das Navi ist überfordert – bekommst du es allein hin, den richtigen Weg zu finden?

Heute schon geangelt?

Sehr viele Campingplätze liegen am Wasser – wo sonst kann man sich so wunderbar erholen? Am Ufer entdeckst du auch einen Angler – aber was holt der denn aus dem Wasser? Verschiebe die rechts stehenden Wörter so nach links oder rechts, dass drei senkrechte Reihen die drei Fischarten ergeben, die man hier angeln kann.

T O N A B N E H M E R

F A S T E N Z E I T

E I E R K U C H E N

B U C H E C K E R

P R E I S T A F E L

Irgendetwas stimmt hier nicht …

Bei zwei Ausschnitten aus dem Wohnwagen-Innenfoto
haben wir jeweils einen Fehler eingebaut. Welche Ausschnitte sind es?

1

2

3

4

5

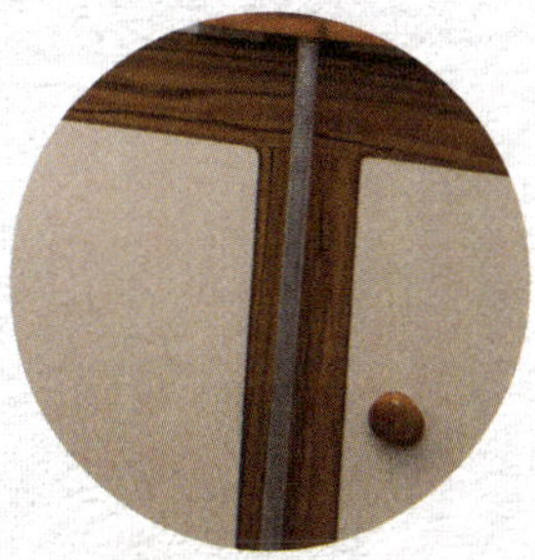

Beeindruckende Landschaften, schöne Städte und gute Küche

L	S	A	G	R	A	U	K	A	S	N	O	C	K	E	N
K	L	C	A	L	D	N	E	H	K	C	A	B	T	H	E
L	A	S	H	I	S	U	O	T	K	A	L	R	O	C	F
T	E	S	V	L	C	U	O	M	D	O	O	O	U	L	P
O	U	S	P	N	U	R	S	L	X	T	U	C	N	I	A
R	H	H	I	R	T	T	I	I	N	R	O	K	T	M	R
B	U	C	H	W	E	I	Z	E	N	T	O	R	T	E	K
L	N	U	L	M	D	S	I	K	R	O	R	P	E	E	R
E	F	L	G	L	N	N	S	A	R	U	H	S	S	N	E
T	L	A	E	L	A	G	I	K	I	A	O	U	R	H	E
T	C	P	O	T	F	E	L	O	N	X	P	W	E	C	B
E	Y	A	S	A	R	U	H	V	C	O	H	F	S	S	U
U	E	A	T	Y	C	I	O	O	Y	U	E	S	E	K	A
H	K	E	P	P	U	S	T	O	R	B	X	D	A	N	L
C	H	E	X	E	N	S	C	H	L	U	C	K	E	R	B
S	K	S	P	I	N	A	T	K	N	O	E	D	E	L	S
L	R	E	K	C	E	L	F	N	E	K	N	I	H	C	S
B	U	C	A	P	F	E	L	S	T	R	U	D	E	L	Y

Graukasnocken	Hexenschlucker	Buchweizentorte
Kaspressknoedel	Tirteln	Blaubeerkrapfen
Schlutzkrapfen	Schneemilch	Schinkenfleckerl
Schuettelbrot	Apfelstrudel	Backhendl
Brotsuppe	Kastanientorte	Spinatknoedel

Südtirol – die nördlichste Provinz Italiens punktet mit beeindruckenden Gipfeln, herrlichen Tälern, glasklaren Seen und wunderschönen Städten. Ob Bozen, Meran, Brixen oder Sterzing – du solltest dir auf jeden Fall in den dortigen Cafés und Gasthäusern die ein oder andere kulinarische Köstlichkeit gönnen und dich bei einer Wanderung unbedingt auf einer Hütte stärken, schließlich ist Südtirol auch für seine gute Küche berühmt! In diesem Buchstaben-Wirrwarr haben wir 15 Köstlichkeiten versteckt. Die Wörter können in jede Richtung laufen, auch diagonal, rückwärts oder von unten nach oben. Und sie können auch andere Wörter schneiden. Findest du alle Leckereien?

Wie wird das Wetter?

Mit zu den schönsten Dingen im Campingurlaub sind die Unternehmungen in der Natur. Ob Radfahren, Wandern, Surfen, Angeln oder mit den Inlinern eine Runde drehen – ein bisschen Bewegung pustet den Kopf durch, tut gut und steigert die Vorfreude aufs abendliche Grillen. Manchmal macht einem allerdings das Wetter einen Strich durch die Rechnung ...

Wenn du im folgenden Labyrinth den richtigen Weg findest, ergeben die dabei durchquerten Buchstaben – hintereinandergelesen und richtig abgeteilt – eine Bauernregel, die dir eine Tendenz aufzeigen kann, wie das Wetter wird. Achtung: Damit es nicht zu einfach wird, haben wir natürlich auch Buchstaben als Irrwege im Labyrinth versteckt!

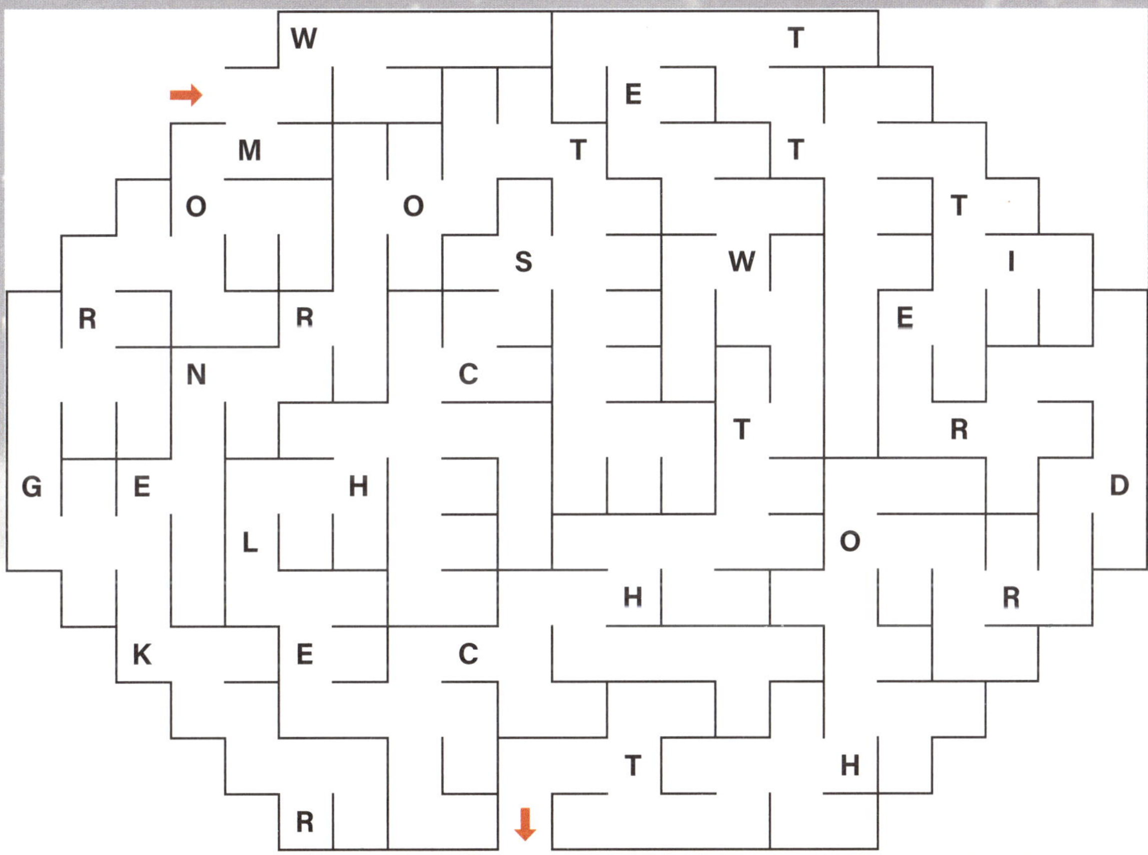

Einen schönen guten Morgen allerseits!

Ein freundliches „Guten Morgen!“ ist auf dem Campingplatz selbstverständlich. Und da euer Platz ganz besonders durch internationales Publikum punktet, hörst du die unterschiedlichsten Sprachen. Kannst du anhand der Begrüßung erkennen, welche Sprache dein Gegenüber spricht? Teste dein Wissen und brilliere beim Sprachquiz! Achtung, Angeberwissen: Auf Esperanto heißt „Guten Morgen“ übrigens „Bonan matenon“!

A	Good morning	Luxemburgisch	1
B	Dzień dobry	Schwedisch	2
C	Bom dia	Spanisch	3
D	Dobro jutro	Englisch	4
E	Buongiorno	Niederländisch	5
F	God morgon	Polnisch	6
G	God morgen	Kroatisch	7
H	Buen día	Portugiesisch	8
I	Goedemorgen	Französisch	9
J	Bonjour	Italienisch	10
K	Gudde Moien	Norwegisch	11

Smells Like Meat Spirit …

Grillen und campen – das passt! Und während viele Frauen vor allem die Beilagensalate schätzen und auch gern mal Zucchinischeiben auf den Rost legen, sind viele Männer beim Thema Fleisch ganz in ihrem Element. Dazu noch ein Bierchen, dann kann der Abend nur noch gut werden! Klar, Ausnahmen bestätigen die Regel. Es gibt jedoch viele lustige Sprüche, die genau das aufs Korn nehmen. Bei den folgenden sind nur leider die Vokale verlorengegangen – kannst du sie trotzdem entschlüsseln? Damit es nicht zu einfach wird, haben wir auf Groß- und Kleinschreibung sowie Satzzeichen verzichtet und die Reihenfolge der Wörter verändert.

1 **d mhr flsch blmn schtzt sst**

2 **mn grlln slt knn ncht**

3 **ds mnm ssn ssn ssn vgtrr wg**

4 **hn snnls grlln br st mglich**

5 **n wr wrft vrbrnnn dn grll ftt mssn**

6 **mn flsch gms st**

Der kürzeste Weg zur Brötchentüte

Der Morgen lacht, die Sonne scheint, der Magen knurrt ... morgens muss es manchmal schnell gehen. Da ist es praktisch, wenn man den kürzesten Weg von der Parzelle zur Brötchentüte kennt. Leider ist es in diesem Fall gar nicht so einfach ... Kommst du dahinter?

Beginne in Feld A1 und bahne dir den kürzesten Weg zu Feld H8. Du darfst dabei immer nur die von den Pfeilen vorgegebene Richtung einschlagen. Aber Vorsicht, verlauf dich nicht!

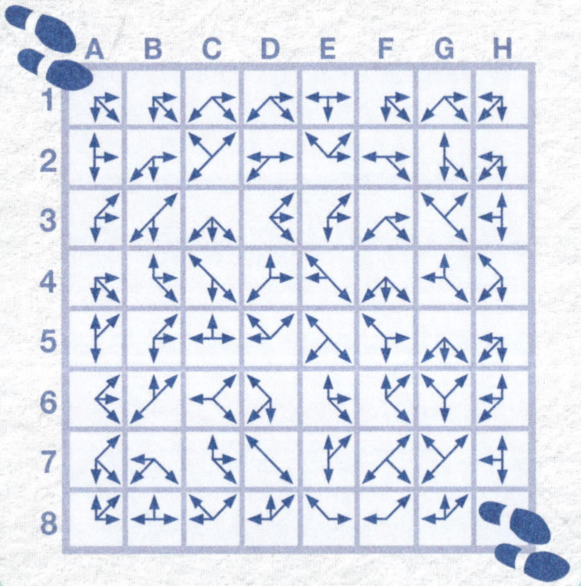

Endlich Zeit

Im Urlaub kommt man endlich zu den schönen Dingen, die im Alltag leider oft zu kurz kommen: ausschlafen, Spazieren gehen, lange frühstücken, Ausflüge machen und lesen. Liest du auch gern? Dann dürfte es dir nicht allzu schwer fallen, die folgenden literarischen Liebespaare zusammenzuführen – etwas, was ihnen bisweilen in den Romanen nicht vergönnt ist. Übrigens: Romeo und Julia wäre dann doch zu einfach gewesen, die suchst du vergebens.
Die Lösungsbuchstaben ergeben, in die richtige Reihenfolge gebracht, eine tragisch Liebende, die nach kurzem Glück alles verliert.

Lösungswort:

1	2	3	4	5	6	7	8

1 Fermina Daza	Edward Fairfax Rochester C
2 Elizabeth Bennet	Jay Gatsby H
3 Carol Aird	Graf Alexej Wronskij N
4 Teresa	Aragorn E
5 Jane Eyre	Florentino Ariza G
6 Daisy Buchanan	Tomáš T
7 Arwen	Fitzwiliam Darcy R
8 Anna Karenina	Therese Belivet E

keilförmiger Stoffeinsatz	1	lautmalend für den Eselsruf	ungarischer Nationaltanz		Fluss zur Aller (Oberharz)	Schatz; Günstling	ein Brotaufstrich		umgeknickte Heftecke		2		Schwermetall	
							Kaltspeise				Senke im Gelände			
Wüsteninsel					ein Europäer				ital. Autor (Umberto)				einer Axt ähnliches Spaltwerkzeug	
							Meeressäugetier				US-Bundespolizei (Abk.)			
Kerbe, Einschnitt		rissig, uneben		Oper von Weber	Tierhöhle				Bank-, Stahlfach (engl.)					Luftkurort in der Holstein. Schweiz
flüssiger fossiler Rohstoff							laut, durchdringend		Spielbank		wichtige Persönlichkeit (Abk.)			
linker Nebenfluss der Donau					Jurist zur Beurkundung		kleine Metallschlinge							
					systematische Untersuchung						Bruder Kains		ausgenommen, frei von	
Fisch-, Vogelfanggerät		unbestimmter Artikel	Ärger, Wut					Unterarmknochen		Affodillgewächs, Heilpflanze				
franz. Schauspieler (Alain)						Transportmittel im Gebirge								
			Metallstifte einschlagen							heftiger Windstoß		Elektronikmesse in Berlin		Musik: Tongeschlecht
Schulabschlussprüfung (Kzw.)				mit einem Baustoff ausbessern		Vorname Venturas	preisendes Gesangsstück							
schmal; begrenzt		ein Bild ländlichen Friedens							Sinn zur Wahrnehmung von Schall		blass, bleich		Weg des Motorkolbens	
				Wagenkolonne; Flüchtlingszug		Vorsilbe: zwischen (lat.)		drohendes Unheil						
Übervorteilung im Preis		Brettspielfigur						Sammlung von Schriftstücken		Besitz, Vermögen		englische Prinzessin		unverfälscht
					bibl. Stammvater (Arche)					Fußballmannschaft				
großartig, hervorragend		freundlich					3						kurzer Schmerzenslaut	
			Kfz-Zeichen Kaufbeuren		gefallsüchtig; eingebildet						benachbart, nicht weit			
dt. Komponist (Werner)	indischer Büßer, Asket						sehr angetan, beglückt							

Camping-History

Camping boomt – und wie! Immer mehr Menschen wissen die unabhängigste Art zu reisen zu schätzen. Doch während sich heute Anbieter von Caravans und Ausrüstung gegenseitig überbieten, waren die Anfänge ganz bescheiden. Erst in den 20er Jahren des letzten Jahrhunderts gab es für Arbeiter/innen und Angestellte überhaupt erst freie Tage, wodurch Kurzurlaube möglich wurden. Es zog die Menschen zur Regeneration in die nähere Umgebung, wo sie mit einfachen Zelten, Faltbooten und wenig Zubehör übers (verlängerte) Wochenende Erholung suchten. Wie gut kennst du dich mit der Camping-Historie aus? Teste dein Wissen!

1. Wie nannte man den Trend, übers Wochenende mit einfachen Zelten und Faltbooten zur Erholung in die nähere Umgebung aufzubrechen?
2. Welcher liebevolle Name wurde den Zelten gegeben?
3. In welcher Stadt steht des älteste Campingplatz Deutschlands?

Bella Italia

Mit dem Wirtschaftswunder kommt in der zweiten Hälfte der 1950er-Jahre auch die erste große Campingwelle so richtig ins Rollen. Italien ist das Sehnsuchtsziel schlechthin, vor allen Dingen Gardasee und Adria werden angesteuert. Wie gut kennst du dich in Italien aus? Zeichne im Umriss die gefragten Orte mit den jeweiligen Nummern ein.

1. Wir starten in Rom!
2. Von hier geht es nach San Marino.
3. Wo liegt Messina?
4. Wie heißt die mit einem Pfeil markierte Insel?
5. Gardasee, wir kommen!
6. Wo liegt eigentlich der Ätna?
7. Und wo der Golf von Neapel?
8. Ist es noch weit bis Genua?
9. Wo fließt der Po ins Meer?

Liebe macht's möglich

Der erste deutsche Wohnwagen verdankt seine Konstruktion der Liebe. Der Geschäftsmann Arist Dethleffs, ja, genau dieser Dethleffs und damals noch Skistock-Hersteller, wollte während seiner Geschäftsreisen nicht auf die Gegenwart seiner Frau Fridel Dethleffs-Edelmann und später auch seiner Tochter Ursula nicht verzichten. Gesagt, getan – er machte sich an die Konstruktion des ersten Wohnwagens – damals noch Wohnauto genannt. Aber wann war das noch mal? Die Lösung findest du in diesem Rätsel. In dem Kasten sind die aufgeführten 22 Zahlenkombinationen versteckt – sie können in jede Richtung laufen, auch diagonal, rückwärts oder von unten nach oben. Die vier übrig bleibenden Zahlen ergeben die Lösung.

1639
194
233
2437
247
281
391
42881
451
493
536

5673
583
5927
641
66226
6647
6875
736
784
925
926

1	1	5	4	6	3	9	3	6	1	7	2	9	5	7	3	7	6	5	7
1	9	3	6	2	6	9	5	2	9	2	8	1	3	4	9	4	9	1	3
5	7	8	6	2	3	4	4	3	7	4	2	6	8	1	8	8	2	4	4
6	2	2	6	6	9	3	7	5	3	6	1	7	6	4	1	3	8	5	2

Heiß wie ein Vulkan!

Mit Abstand die meisten aktiven Vulkane gibt es in Island. Viele von uns erinnern sich noch an den Ausbruch des auf den ersten Blickes unaussprechlichen Eyjafjallajökull, der 2010 den Flugverkehr komplett lahmlegte. Über Wochen. Das kann dich als Camper eigentlich kalt lassen. Heiß könnte dir da schon durch diese Rätselaufgabe werden: Fülle die leeren Felder so aus, dass zwei nebeneinanderstehende Zahlen als Summe jeweils die darüber befindliche Zahl ergeben. Übrigens: Die Zahl an der Spitze nennt dir die Höhe des Eyjafjöll-Gletschers, der über dem Vulkan aufragt.

918						
613		428				
	178					
333				250		
			35			
228		17				229

Wandern, klettern, genießen!

Es gibt bei Paaren und in Familien gern mal zwei Lager: Team Bergziege und Team Wasserratte. Gerade als Camper ist es möglich, beides zu haben – nur noch die Reihenfolge muss dann ausgelost werden. Aber auch, wenn du zum Team Bergziege gehörst, könnte dir das folgende Rätsel das Wasser auf die Stirn treiben: Füge die unten genannten Begriffe so ein, dass sie die Wörter in der linken Spalte sinnvoll ergänzen und gleichzeitig den Wörtern in der rechten Spalte einen neuen Sinn verleihen. In der markierten Spalte ergibt sich dann von unten nach oben gelesen das Lösungswort!

KLETTER		SCHAFT
BERG		METER
GIPFEL		ZEICHEN
MAGNET		NADEL
GERÖLL		GEFAHR
HÖHEN		SPITZE
GEBIRGS		WANDERUNG
BERG		FLUT
WANDER		EISEN
STURZ		FORELLE

SEIL
HÖHEN
PFAD
KOMPASS
LAWINEN
ZUG
GRAT
STURZ
STEIG
BACH

Hallo en welkom!

Die Niederlande sind, besonders, wenn man im Westen Deutschlands wohnt, ein äußerst beliebtes und schnell zu erreichendes Reiseziel. Endlos lange Strände, idyllische Dünen, wunderschöne Städte und natürlich ein ausgebautes Fahrradwegenetz, das seinesgleichen sucht ... es gibt viele Gründe, warum wir unser Nachbarland so lieben. Du auch? Dann kannst du die folgenden Fragen sicher leicht beantworten!

1 In Leiden wurde der Maler geboren, dessen Vorname die ganze Welt kennt.

2 In welchem Stadtteil Den Haags liegt das größte Seebad der Niederlande?

3 Wie heißt die südlichste Provinz der Niederlande, die direkt an Belgien grenzt?

Versicherungsurkunde | Lehre vom Licht | Windschattenseite e. Schiffs | persönl. Fürwort (erste Person) | 2

Unglück, Missgeschick | Empfehlung

Radrennfahrer | spanisch: Hurra!, Los!, Auf! | Abkürzung für vor allem

Schweifstern

ringförmige Koralleninsel | Begabung | Ansturm auf etwas Begehrtes (englisch) | Stadt in den Niederlanden

1 | voll, belegt | Fluss zur Drau | leichter Wind | nordischer Hirsch | englisch: neu | Schlagader

viel Zeit beanspruchend | Bindewort

Korankapitel | 44. Präsident der USA (Barack) | Flüssigkeitsansammlung im Gewebe | indisches Getränk aus Joghurt

franz. unbestimmter Artikel | Feingewicht für Edelmetalle | engl. Adelstitel: Graf

feines, weiches Strickmaterial | nordamerik. Wapitihirsch | Augendeckel | Begeisterung, Schwung | poetisch: Adler

3 | Vorname Laurels | Abkürzung für unter anderem

kurz für in dem | Bad an der Lahn | himmelblaue Farbe

TV-, Radiosender (Abk.) | Straße in Berlin (Kzw.) | unwirklich

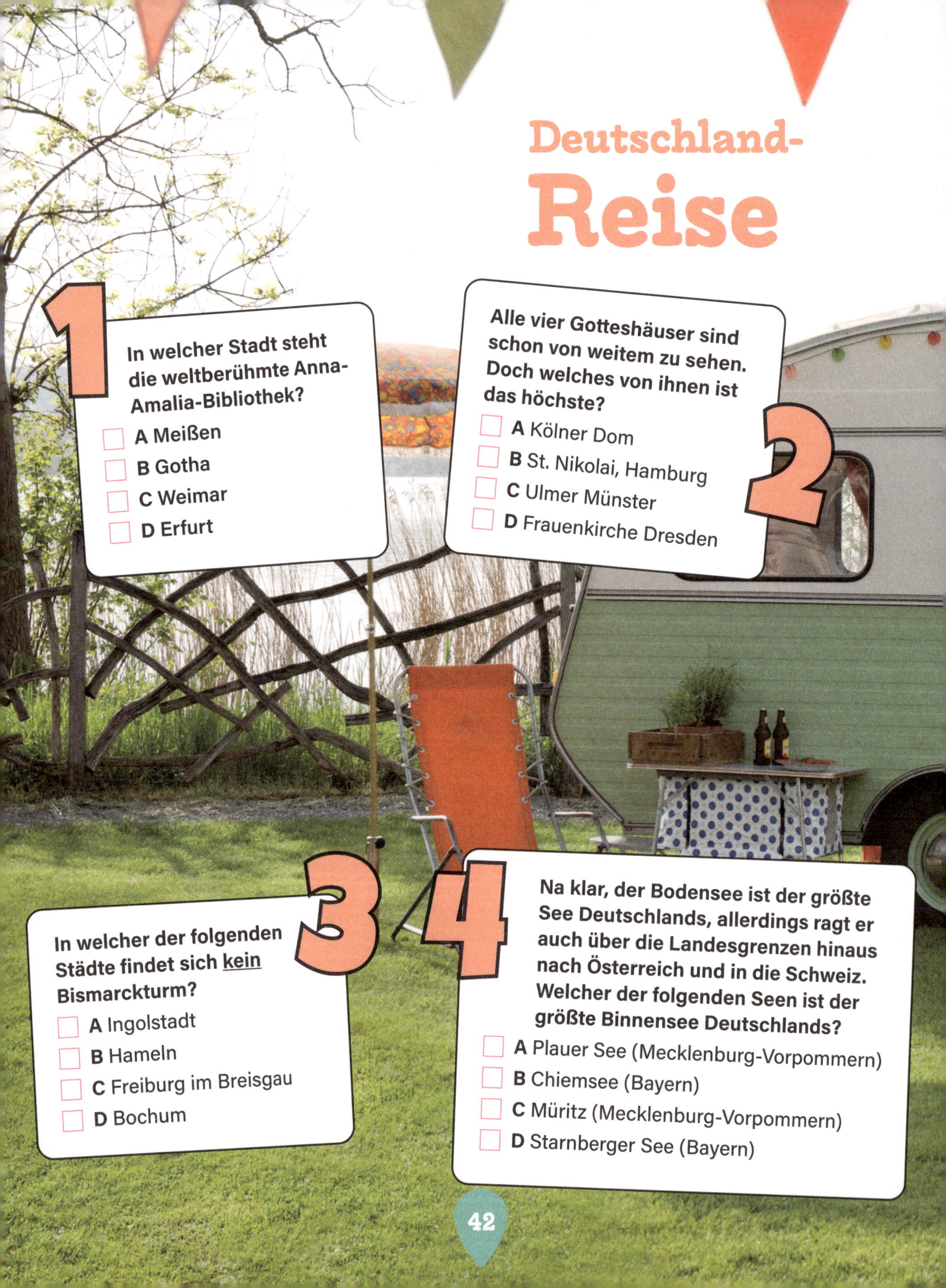

Deutschland-Reise

1

In welcher Stadt steht die weltberühmte Anna-Amalia-Bibliothek?

- ☐ **A** Meißen
- ☐ **B** Gotha
- ☐ **C** Weimar
- ☐ **D** Erfurt

2

Alle vier Gotteshäuser sind schon von weitem zu sehen. Doch welches von ihnen ist das höchste?

- ☐ **A** Kölner Dom
- ☐ **B** St. Nikolai, Hamburg
- ☐ **C** Ulmer Münster
- ☐ **D** Frauenkirche Dresden

3

In welcher der folgenden Städte findet sich <u>kein</u> Bismarckturm?

- ☐ **A** Ingolstadt
- ☐ **B** Hameln
- ☐ **C** Freiburg im Breisgau
- ☐ **D** Bochum

4

Na klar, der Bodensee ist der größte See Deutschlands, allerdings ragt er auch über die Landesgrenzen hinaus nach Österreich und in die Schweiz. Welcher der folgenden Seen ist der größte Binnensee Deutschlands?

- ☐ **A** Plauer See (Mecklenburg-Vorpommern)
- ☐ **B** Chiemsee (Bayern)
- ☐ **C** Müritz (Mecklenburg-Vorpommern)
- ☐ **D** Starnberger See (Bayern)

5

Was ist die Besonderheit am Limburger Dom?

- [ ] **A** Seine Bauzeit betrug exakt 100 Jahre.
- [ ] **B** Er ist im hochgotischen Stil errichtet.
- [ ] **C** Er hat so viele Türme, wie es Sakramente gibt.
- [ ] **D** Durch sein leuchtendes Weiß ist er schon von Weitem sichtbar.

6

Welcher der folgenden Flüsse ist von den genannten der längste?

- [ ] **A** Spree
- [ ] **B** Neckar
- [ ] **C** Havel
- [ ] **D** Main

7

Welcher der Kanäle ist am längsten?

- [ ] **A** Mittellandkanal
- [ ] **B** Wesel-Datteln-Kanal
- [ ] **C** Dortmund-Ems-Kanal
- [ ] **D** Rhein-Herne-Kanal

8

Welche der folgenden Sehenswürdigkeiten liegen nicht an der Mosel?

- [ ] **A** Burg Eltz
- [ ] **B** Porta Nigra
- [ ] **C** Hessigheimer Felsengärten
- [ ] **D** Kloster Machern

9

Schön sind die folgenden Parkanlagen alle – aber welche ist der größte?

- [ ] **A** Blumeninsel Mainau, Bodensee
- [ ] **B** Fürst-Pückler-Park, Muskau
- [ ] **C** Park Sanssouci, Potsdam
- [ ] **D** Bergpark Wilhemshöhe, Kassel

Das Steinfeld von Carnac

In Frankreich laufen einem immer mal wieder die berühmten Hinkelsteine über den Weg. Auch in der Bretagne findet man rätselhafte Menhire (bretonisch *maen* „Stein" und *hir* „lang"). Besonders sehenswert ist das Steinfeld von Carnac – dort geht es heute hin! Versuche, in den Plan einen Rundweg zu allen Menhiren einzuzeichnen, der alle Felder durchläuft und sich dabei nicht kreuzt. Bei jedem Kreis soll sich die Richtung um 90 Grad ändern. Zwischen zwei Kreisen gibt es ebenfalls jeweils genau einen weiteren 90-Grad-Richtungswechsel.

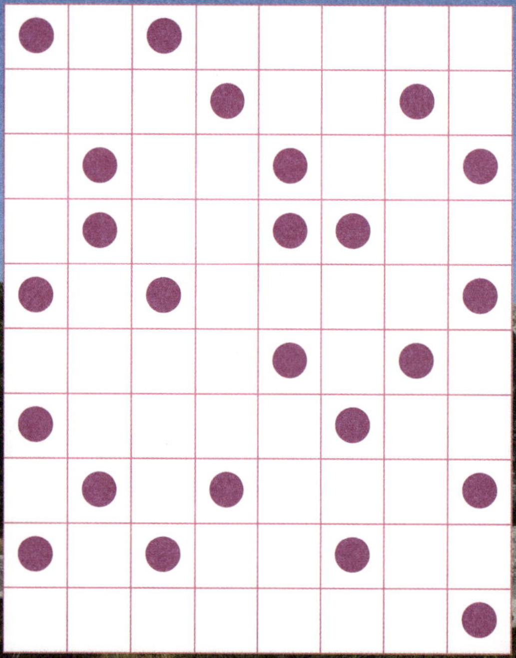

Urlaub an der Elbe

I Meißen
T Magdeburg
R Otterndorf
C Torgau
F Dresden
S Riesa
T Tangermünde
E Wittenberge
H Wittenberg
O Dessau

Wusstest du, dass die 1094,26 km lange Elbe zu den 100 längsten Flüssen der Erde gehört? Sie entspringt in Tschechien und mündet bei Cuxhaven in die Nordsee. Wunderschöne Landschaften und Städte säumen ihren Lauf. Deine nächste Reise soll dich an die Elbe führen. Ordne dafür die folgenden Städte von der Quelle Richtung Mündung. Die Lösungsbuchstaben ergeben eine an der Elbe anzutreffende Tierart.

Lösungswort:

Finde den Unterschied!

Hoppla, hier ist beim Kopieren was schiefgegangen!
Kannst du alle acht Fehler finden, die im unteren Foto vom oberen abweichen?

Wer bin ich?

Ich habe für Campingfans so einiges zu bieten! Wenn du die Fragen richtig beantwortest und die Buchstaben in den farbigen Kästen in die richtige Reihenfolge bringst, dann weißt du, wer ich bin!

1

Der Name meiner traditionellen, melancholischen Musikrichtung bedeutet übersetzt „Schicksal“. Wie heiße ich in der Landessprache?

2

Ich habe nur knapp 10000 Einwohner, doch kommen Besucher aus der ganzen Welt, um meine Paläste zu besichtigen. Zusammen mit der Landschaft um mich herum bin ich bereits seit 1995 Weltkulturerbe der UNESCO.

3

Ich bin berühmt für meine tolle Keramik. Ganz traditionell sind die grünen Schalen. Was stellen sie dar?

4

Bei mir branden zwischen November und Februar die höchsten Wellen der Welt an die Küste.

5 Ich habe nur ein einziges Nachbarland. Dieses ist mehr als fünfmal so groß wie ich und heißt:

6 Ich bin ein Fluss und an meinen Seiten erstrecken sich Weinberge, an denen die Trauben für einen landestypischen und weltberühmten Süßwein angebaut werden.

7 Ich bin die beliebteste Urlaubsregion des Landes. Wie heiße ich?

Lösungswort:

In der Natur, aber stadtnah …

… ist für viele Camper die ideale Konstellation. Wenn man mal genug davon hat, aufs Wasser zu gucken oder wenn sich ein Muskelkater von der letzten Wanderung bemerkbar macht, ist eine Stadt ideal, um neue Eindrücke zu sammeln und schön essen zu gehen. Teste dein Stadtwissen: Kannst du die folgenden Städte den Silhouetten zuordnen?

1 **Lissabon**
2 **Stockholm**
3 **Berlin**
4 **Budapest**
5 **Athen**
6 **Kopenhagen**
7 **Istanbul**
8 **London**
9 **Vatikanstadt**
10 **Prag**

A

D

B

G

I

H

E

F

C

J

Die große Freiheit

Wenig Platz, ein Kühlschrank, in dem man Tetris spielt, das Gegenteil eines luxuriösen Badezimmers – was ist es, was die Menschen am Camping so sehr lieben, dass sie die ein oder andere Einschränkung ohne mit der Wimper zu zucken in Kauf nehmen? Die Antwort ist einfach und hat acht Buchstaben: FREIHEIT! Kannst du den Begriff Freiheit in unterschiedlichen Sprachen den jeweiligen Urlaubsländern zuordnen? Zeichne die richtigen Verbindungslinien ein.

Wolność	Ungarn
Libertà	Norwegen
Liberdade	Großbritannien
Frihet	Türkei
Frelsi	Island
Vrijheit	Schweden
Frihet	Italien
Libertad	Finnland
Liberté	Dänemark
Sloboda	Slowenien
Frihed	Frankreich
Svoboda	Polen
Vapaus	Spanien
Özgürlük	Niederlande
Szabadság	Kroatien
Freedom	Portugal

April, April,

macht, was er will ...

Gerade als Camper freut man sich, wenn das Wetter hält, schließlich ist man nah an der Natur. Aber der April ist auch bekannt dafür, echt Kapriolen zu schlagen. Findest du im Buchstabengitter alle folgenden genannten Begriffe rund ums Wetter? Achtung: Die Begriffe können in jede Richtung verlaufen, auch diagonal und nicht nur vorwärts, sondern auch rückwärts ...

BEDECKT	HEITER	NORDWIND	SCHNEEFALL
BLITZ	KALTFRONT	PASSAT	WARMFRONT
GEWITTER	KLIMA	POLARLUFT	WETTERLEUCHTEN
GRAUPEL	MONSUN	REGENGÜRTEL	WIND
HAGEL	NEBEL	SCHAUER	WOLKEN

Q	W	T	E	S	L	J	Y	Z	K	H	G	C	M	V
A	W	L	C	W	G	Z	H	B	F	Z	O	W	A	A
T	F	U	L	R	A	L	O	P	U	V	A	H	T	L
N	E	T	H	C	U	E	L	R	E	T	T	E	W	G
O	B	S	C	H	N	E	E	F	A	L	L	I	A	I
R	V	W	A	G	I	K	V	F	M	B	D	T	R	L
F	J	G	I	G	R	A	U	P	E	L	N	E	M	U
T	E	G	O	N	E	K	L	O	W	I	T	R	F	U
L	O	C	E	T	D	F	Z	L	P	T	J	E	R	H
A	Y	B	E	D	E	C	K	T	I	Z	D	U	O	P
K	E	W	C	N	O	R	D	W	I	N	D	A	N	M
L	E	T	R	Ü	G	N	E	G	E	R	E	H	T	H
I	D	U	N	I	D	G	N	F	K	V	H	C	M	U
M	O	N	S	U	N	C	V	N	T	A	S	S	A	P
A	U	L	D	U	W	L	N	Q	S	C	E	E	Z	E

Fakt oder Fake?

Bei eurem Ausflug habt ihr heute herrliche Pilze gefunden! Ein leckeres Pilzragout – das wäre doch ein feines Abendessen. Aber sind die Pilze auch genießbar? Wie gut kennst du dich aus? Teste dein Wissen! Aber auch wenn du alles richtig beantwortest: Sammle nur Pilze, bei denen du dir zu 300 Prozent sicher bist!

1

Der geschätzte Speisemorchel hat im Frühjahrslorchel einen tödlich giftigen Doppelgänger. Hier ist große Vorsicht geboten, im Mai sind beide Sorten in der Natur zu finden.

- ☐ Fakt
- ☐ Fake

2

Beim Steinpilz gibt es keine Verwechslungsgefahr. Festes Fleisch, dickbauchiger Stiel und Röhren, dle auf Druck blau anlaufen – das gibt's nur einmal.

- ☐ Fakt
- ☐ Fake

3

Birkenpilze verdanken ihren Namen ihrem weißen Stiel, der an Birken erinnert. Sie wachsen auf lichten Moosterrassen im Tannenwald.

- ☐ Fakt
- ☐ Fake

4

Die meisten schweren und sogar tödlichen Pilzvergiftungen stammen aus einer Verwechslung von essbaren Pilzen mit weißem und grünem Knollenblätterpilz.

- ☐ Fakt
- ☐ Fake

Gattin, Gemahlin	3	amerik.-engl. Dichter (T. S.)		menschenähnliches Säugetier	Spielleitung (Kunst, Medien)		Seevogeldünger		englisch: eins	aufstehen (sich ...)		Zarenname		Nachbarstaat des Iran
							2							
zarte, anmutige Märchengestalt					jedoch, hingegen					langschwänziger Papagei		bestimmter Artikel		norddt.: kleines Küstenschiff
hingestreckt sein							Küchengerät, Raspel	österr. Schriftsteller (Peter)						
			silberweißes Metall		Befehl; Auftrag						sehr nahe und vertraut		Bootsruder	
das Ich (lateinisch)						Redekunst		Fallen der Börsenkurse						
Viper, Giftschlange		scharfer Falz, Bruch		Raubfisch				Kraftfahrzeug, Wagen		Singvogel		Abkürzung für Krone		
Wertpapier						Gebiet in Rumänien						Klebemittel		Platzmangel, Raumnot
				anhänglich, loyal					Tausend (ugs.)					
Opernsängerin: ... Netrebko						Ausruf der Verwunderung	sich lebhaft bewegen (sich ...)							
australischer Wildhund	Name d. Storches in der Tierfabel		historische Provinz Irlands	Stadt in Nevada (USA)					ernennen, ausersehen		ital. Mittelmeerinsel		eine Spielkartenfarbe	
				Knoblauchsoße		Aufsehen, Skandal		Hutrand						
Hauptstadt von Aserbaidschan		Betttuch						Festkleid; Festkonzert		Traubenernte		somit, mithin		Rauchfang, Schornstein
					1									
argent. Fußballer (Lionel)		großartig, unglaublich					Bodenfläche, Gelände						chem. Zeichen für Mangan	
					jegliches						telefon. Kurznachricht (Abk.)			
isolierte elektrische Leitung		Ausflug zu Pferde					Windröschen							

Watt muss, datt muss

Gleich durch drei Nationalparks – vor Niedersachsen, Hamburg und Schleswig-Holstein – ist das Wattenmeer der Nordsee geschützt. Und kilometerlang über den Meeresboden zu wandern, ist ein beeindruckendes Erlebnis. Daneben gibt es tolle Inseln, frischen Fisch und extra viel frische Luft. Auf unserer Nordseetour von St. Peter-Ording nach Greetsiel machen wir natürlich auch einen Halt in Cuxhaven. Nirgendwo sonst kann man schließlich so toll Schiffe gucken! Wie gut kennst du dich an der Elbmündung aus?

1. Wie heißt das hölzerne Wahrzeichen Cuxhavens, das gleichzeitig ein Seezeichen ist und das Ende der Binnenelbe markiert?
2. Wie heißt die Insel, zu der man während der Ebbe eine Wattwanderung unternehmen kann?
3. Welche weitere Insel – gut zu identifizieren durch die „Lange Anna" – kann man von Cuxhaven aus per Boot anfahren?

Was für ein Wetter!

Ja, was denn für eines? Um die richtigen Worte zu finden, musst du einfach nur die Buchstabensuppe aus der Wetterküche in Silben trennen. In die richtige Reihenfolge gebracht, erhältst du aus beiden Endloswörtern jeweils 15 Begriffe rund um Meteorologie, die dir sicher weiterhelfen!

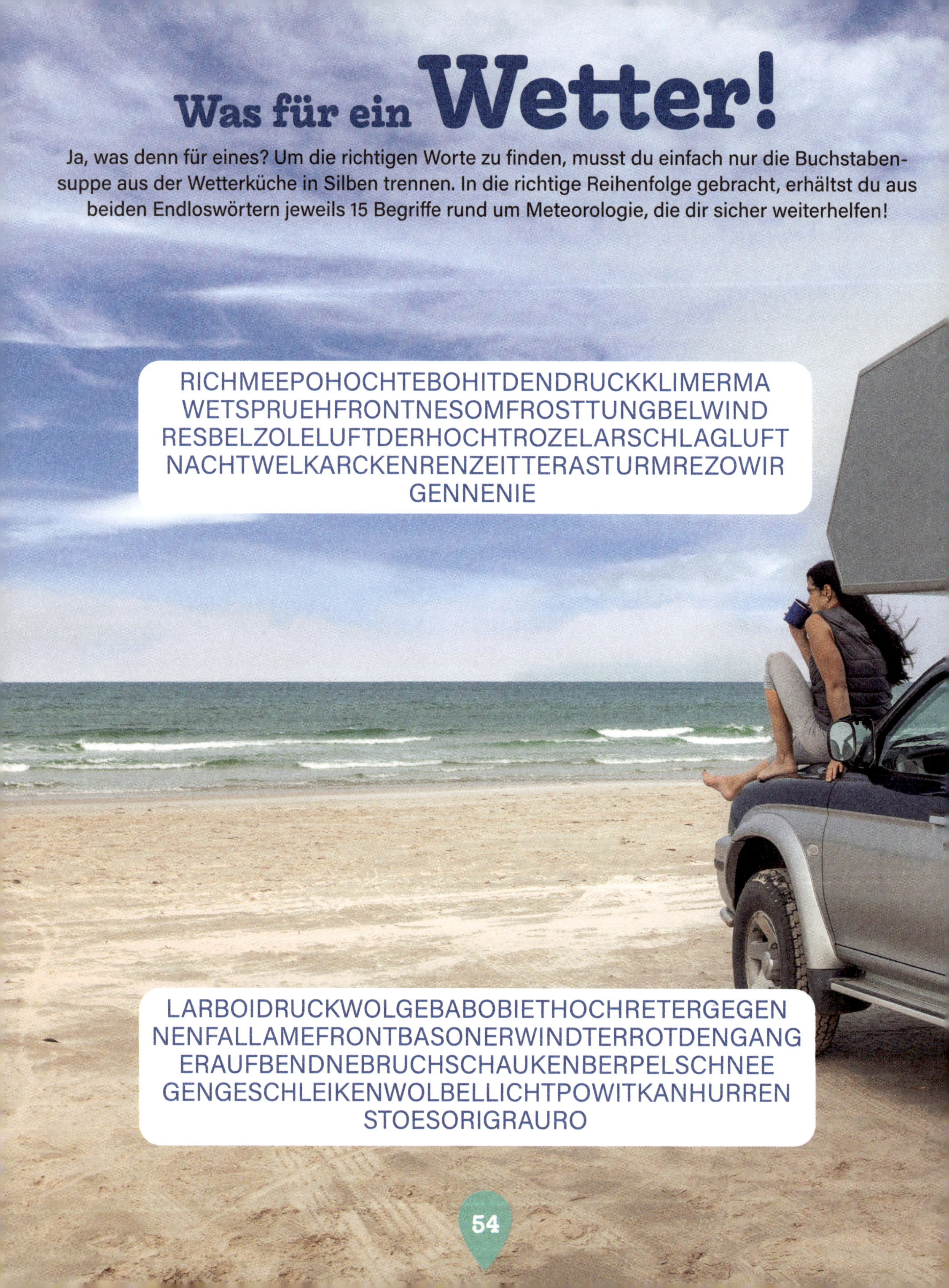

RICHMEEPOHOCHTEBOHITDENDRUCKKLIMERMA
WETSPRUEHFRONTNESOMFROSTTUNGBELWIND
RESBELZOLELUFTDERHOCHTROZELARSCHLAGLUFT
NACHTWELKARCKENRENZEITTERASTURMREZOWIR
GENNENIE

LARBOIDRUCKWOLGEBABOBIETHOCHRETERGEGEN
NENFALLAMEFRONTBASONERWINDTERROTDENGANG
ERAUFBENDNEBRUCHSCHAUKENBERPELSCHNEE
GENGESCHLEIKENWOLBELLICHTPOWITKANHURREN
STOESORIGRAURO

Woher kommen die denn?

Auf dem Campingplatz trifft man eine bunte Mischung unterschiedlicher Menschen. Der gemeinsame Nenner ist die Lust am Reisen und Campen. Auch du bist sicher schon ganz schön herumgekommen, oder? Dann fällt es dir sicher leicht, die Flaggen den jeweiligen Ländern zuzuordnen!

1 Dänemark
2 Norwegen
3 Schweiz
4 Andorra
5 Österreich
6 Finnland
7 Portugal
8 Luxemburg
9 Polen
10 Italien
11 Niederlande
12 Schweden
13 Tschechien
14 Estland
15 Lettland
16 Litauen
17 Slowenien
18 Frankreich

Abschiedsparty unter Freunden

Schade, übermorgen ist der Urlaub vorbei, dabei könntet ihr noch ewig so weitermachen! Unterwegs habt ihr neue Freunde gefunden und ihr möchtet gern den Abend mit einem leckeren Buffet krönen. Das Problem: Auf dem Campingplatz wimmelt es vor Insekten und ihr habt noch 14 Citronella-Kerzen, die ihr neben jeder Speise – symbolisiert durch jeweils einen Apfel – aufstellen möchtet. Damit alles möglichst gut geschützt ist, dürfen sich die Kerzen nicht berühren, auch nicht diagonal. Die Zahlen am Rand geben an, wie viele Kerzen sich in der jeweiligen Reihe oder Spalte befinden dürfen.

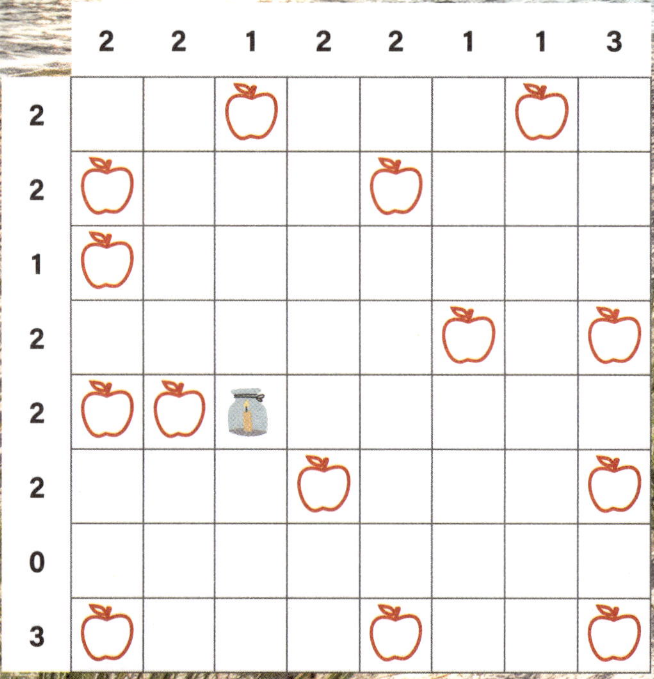

Klimawandel

Das Wetter wird immer extremer – unsere Rätsel auch! In dem kleinen Buchstabensalat haben wir tatsächlich ganze 32 Begriffe rund ums Wetter versteckt. Kannst du sie finden? Dann streiche sie durch! Zurück bleiben 11 Buchstaben, die – zeilenweise gelesen – das Lösungswort ergeben.

BLITZ – BLIZZARD – BORA – BRISE – DONNER – EISREGEN – ETESIEN – FIRN – FOEHN – GLATTEIS – GUSS – HAGEL – HITZE – KAELTE – KATASTROPHE – MONSUN – NEBEL – NIEDERSCHLAG – ORKAN – REIF – SCHAUER – SCHNEE – SONDE – SONNE – STURM – TAIFUN – TAU – TIEF – TORNADO – WARMFRONT – WINDHOSE – WOLKE

E	A	N	U	F	I	A	T	N	E	H	P	O	R	T	S	A	T	A	K
S	C	H	N	E	E	O	U	R	E	N	N	O	D	C	E	T	R	A	T
O	N	S	M	O	R	S	S	S	U	G	S	F	H	K	E	S	U	O	U
H	A	O	P	N	N	N	H	E	O	F	E	A	I	K	A	N	I	R	B
D	K	N	A	O	Z	T	I	L	B	I	U	R	L	R	H	E	N	R	M
N	R	D	M	N	E	I	S	E	T	E	F	O	S	A	N	E	L	O	B
I	O	E	T	N	O	R	F	M	R	A	W	I	H	I	T	Z	E	T	S
W	R	D	R	A	Z	Z	I	L	B	H	A	G	E	L	E	B	E	N	E
E	S	I	E	T	T	A	L	G	A	L	H	C	S	R	E	D	E	I	N

Lösungswort:

2

außerordentlich | Fremdwortteil: unter | silberfarbenes Hartmetall | Würde, Ansehen | Handwerkervereinigung | Metallbolzen | englische Grafschaft | poetisch: Atem | Fährte, Abdruck | Hülle, Futteral

Sammelstelle

dt. Comedian (Dieter) | Organ des Harnsystems | die erste Frau (A. T.) | Hautsalbe

französisch: danke

wintersportlicher Wettkampf | Töpfermaterial | englisches Bier | Vorname der Danella | heftige Gefühlsregung | Träger einer Erbanlage | lediglich

Nachlass empfangen | sich erkundigen

Beamtentitel (gehob. Dienst) | Abschiedsgruß | landwirtschaftliches Anwesen | Stadt u. Kanton in der Schweiz | klangvoll, volltönend | australischer Laufvogel

Fischfanggerät | 1 | dt. Schauspielerin (Hannelore)

fern, entlegen | persönl. Fürwort (zweite Person) | Nachtmahr | erfrischendes Getränk (Kzw.) | Fluss zum Weißen Meer

dt. TV-Moderator

Vorname von US-Präsident Obama | Gewürz-, Heilpflanze | brit. Schauspieler: ... Guinness | Astrologe Wallensteins | englisch: nein

törichter Mensch | großes Gewässer

Art der Swingmusik; ein Tanz | Buch-, Presseunternehmen | Fluss durch Florenz | fesseln, schnüren | Stadt auf Bornholm

poetisch: Kopf | Flachland | in Geldscheinen oder Münzen

Lottogewinn (ugs.) | verlassen; langweilig | Campingartikel

scherzhaft für Spitzbube | Gebirge auf Kreta | Großmutter | Kupferlegierung

Abk. für Fachhochschule | das Paradies

3

Frauengestalt im „Freischütz“ | Falschmeldung

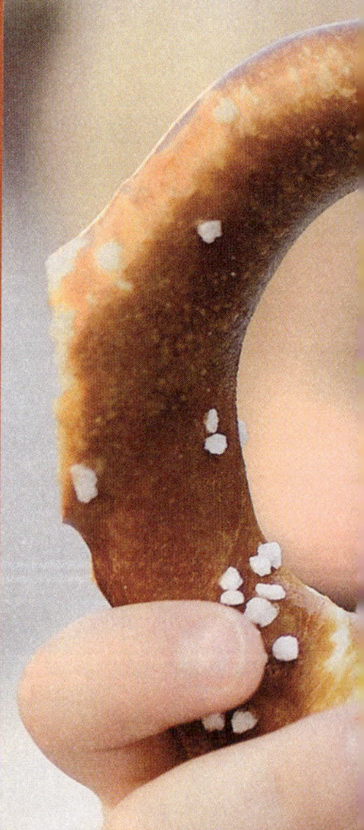

Mmmmh, lecker!

Während deiner Deutschland-Tour lernst du nicht nur viele nette Leute kennen und genießt schöne Landschaften ... du probierst auch so einige regionale Köstlichkeiten, man muss ja schließlich auch etwas essen. Sind dir die folgenden Spezialitäten auch schon über den Weg gelaufen?

1 Hoch im Norden gibt es dieses Kartoffelgericht mit Roter Bete, Spiegelei, Rindfleisch und Heringsfilet. Wie heißt es?

2 In der Mitte, in Thüringen, gibt es ein traditionelles Schmorgericht aus Kartoffeln, Birnen und Hammelfleisch. Welchen ungewöhnlichen Namen trägt es?

3 Die süddeutsche Küche hat so einiges zu bieten, und während die Kirschtorte im Schwarzwald punktet, versüßen Apfelkücherl traditionell den Bayern das Leben. Kennst du auch die Süßspeise, die sowohl in Bayern als auch in Baden-Württemberg sehr beliebt ist? Sie ist sehr sensibel, hebt man den Deckel zu früh ab, fällt alles in sich zusammen ...

Finde die Reiseziele!

Teile die folgende Silbenschlange richtig ab und setze sie neu zusammen – so erhältst du 15 beliebte europäische Urlaubsländer außerhalb Deutschlands!

ENKROMARKGRIEASCHWEENDENTIDÄTSCHEFINN
ENFRANKLANDLANSPACHIREICHNEGISLOTUÖSNIE
BELNORENWEGALDEREICHTERWECHENIPORLAND
NINILITADERENGENEN

Die Welt ist zu schön, um zu Hause zu bleiben.

Lass uns Kilometer reißen! In diesem Quiz geht es kreuz und quer durch Europa. Wie gut kannst du große Distanzen und Bevölkerungsdichten schätzen? Oder weißt du etwa die Antworten? Teste dich selbst!

1

In wie vielen Staaten liegen die Alpen?

- [ ] **A** 10
- [ ] **B** 9
- [ ] **C** 8
- [ ] **D** 7

2

Wie viele Staaten musst du durchfahren, um auf dem kürzesten Weg von den Niederlanden nach Albanien zu kommen?

- [ ] **A** 5
- [ ] **B** 6
- [ ] **C** 7
- [ ] **D** 8

3

Du wohnst in Berlin und möchtest übers Wochenende ein bisschen Luftveränderung ... doch darf es natürlich nicht zu weit weg sein – 600 km ist die Grenze. Wie viele Kilometer liegen zwischen Berlin und Danzig. Schätz mal!

- [ ] **A** 410 km
- [ ] **B** 460 km
- [ ] **C** 510 km
- [ ] **D** 560 km

4

In welchem europäischen Land leben die wenigsten Menschen pro Quadratkilometer?

- [ ] **A** Island
- [ ] **B** Finnland
- [ ] **C** Rumänien
- [ ] **D** Estland

5

In welchem europäischen Land leben die meisten Menschen pro Quadratkilometer?

- [ ] **A** Deutschland
- [ ] **B** Malta
- [ ] **C** Liechtenstein
- [ ] **D** Niederlande

Eine ziemlich heiße Sache ...

Wie heißt das Kochzubehör, auf das man beim Campen kaum verzichten kann? Erweitere dafür die linken und rechten Begriffe jeweils durch einen gemeinsamen Begriff im Mittelblock. Die Begriffe, die du verwenden kannst, sind unten aufgelistet. Auf der farbig markierten Mittelachse findest du das Lösungswort!

BALL – SPECK – KLATSCH – LAGER – TUER – PLATZ
FLASCHEN – WAGEN – GRILL – KOHLE

ZELT		FEUER
WOHNWAGEN		SCHLOSS
KUGEL		PLATZ
FEUER		SACK
FUSS		SPIEL
CAMPING		VERWEIS
KAFFEE		REPORTER
GAS		GEIST
WATT		FAHRT
BAUCH		BRETT

Lösungswort:

Kurz und gut

Abkürzungen sind beliebt. Manche hören sich lustig an, andere sind einfach praktisch. Auch in der Camping-Welt gibt es jede Menge Abkürzungen, die Insidern vertraut sind und bei allen anderen Fragezeichen auf die Stirn treiben … Findest du die unten stehenden Abkürzungen im Buchstabensalat wieder? Sie können in jede Richtung verlaufen, auch diagonal, rückwärts oder von unten nach oben … Im Lösungsteil findest du übrigens auch die Auflösungen der Abkürzungen …

L	S	A	G	R	Z	B	K	E	V	N	A	K	K	E	H
K	L	E	A	L	D	N	O	M	O	W	A	B	T	H	E
L	A	S	H	I	S	U	B	T	B	A	L	R	G	F	K
T	E	P	V	K	H	A	O	M	D	R	C	S	D	L	I
O	U	S	P	N	R	R	S	L	X	T	M	T	N	I	A
R	H	H	I	R	T	T	I	I	N	R	T	S	T	M	R

AHK – CSD – CMT – ESP – GFK – HEK – MBAR – WOMO

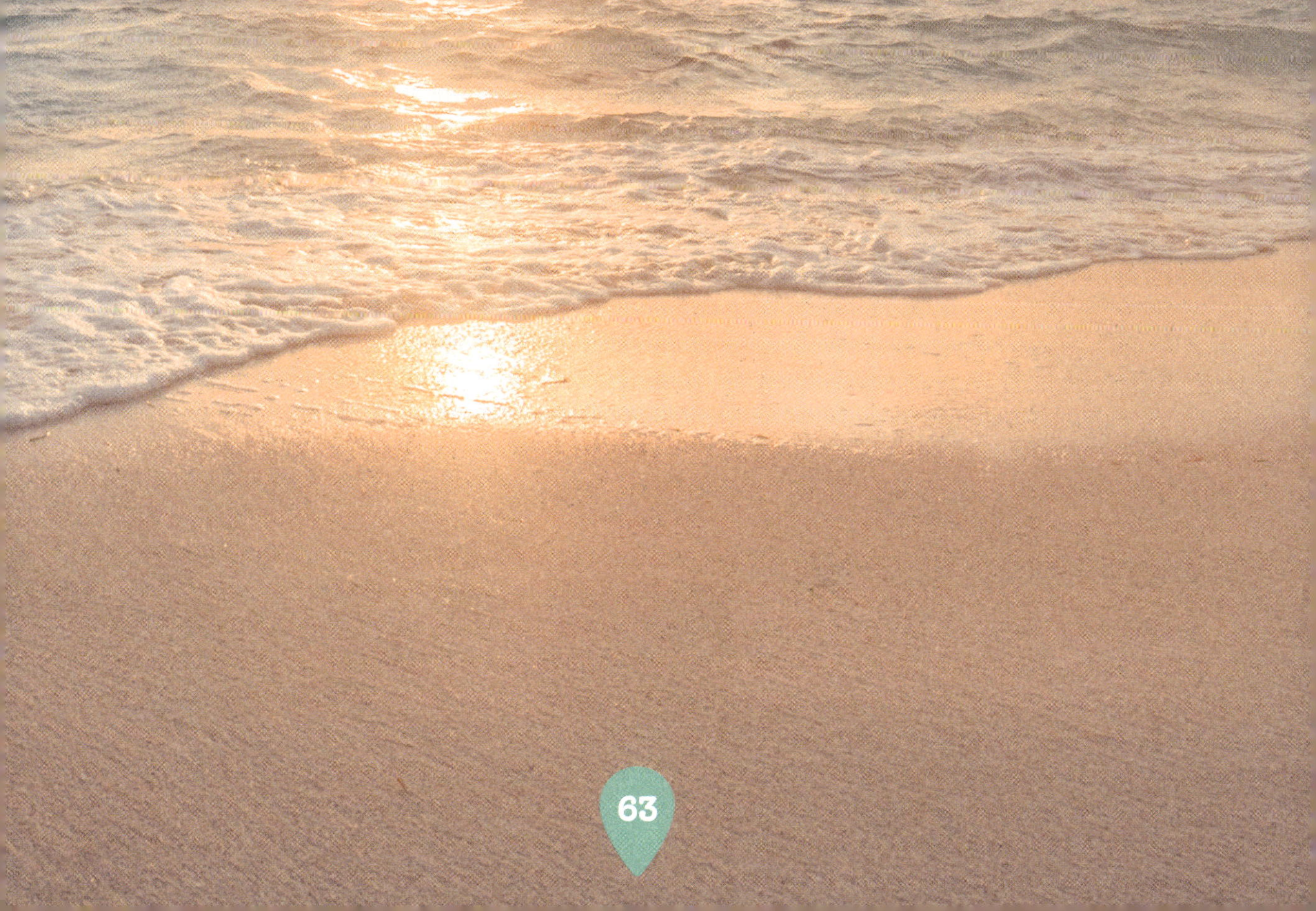

Endlich mal abschalten

Ein schönes Plätzchen, auf dem man stehen darf. Ein weiter Ausblick für gestresste Stadtaugen. Abgeschiedenheit, die sich nicht einsam anfühlt, sondern richtig gut: Wer einen Stellplatz der Parzelle vorzieht, hat genau das im Sinn. Wie dieser Camper hier. Nur die fehlenden Puzzleteile stören beim Zauber dieses Bildes. Kannst du sie einsetzen?

1	2	3	4	5	6	7	8

2
5
8
A
D
F
C
E
B
G
H

Mia san mia

Dass Bayern das Bundesland mit den meisten Campingplätzen ist, hat einen einfachen Grund: Es ist auch mit das beliebteste Reiseziel für Camper. Die Antworten liegen auf der Hand: Wunderschöne Natur, abwechslungsreiche Landschaften, attraktive Städte, gutes Wetter und natürlich allerlei Schlemmereien! Wenn du wissen möchtest, was eine der Hauptattraktionen Bayerns ist, dann löse dieses Rätsel: Wandle alle Symbole in Buchstaben um und trage die gefundenen Buchstaben in den Symbolschlüssel ein. Die Buchstaben in den farbig markierten Feldern liefern dir – in die richtige Reihenfolge gebracht – das Lösungswort.

Symbolschlüssel:

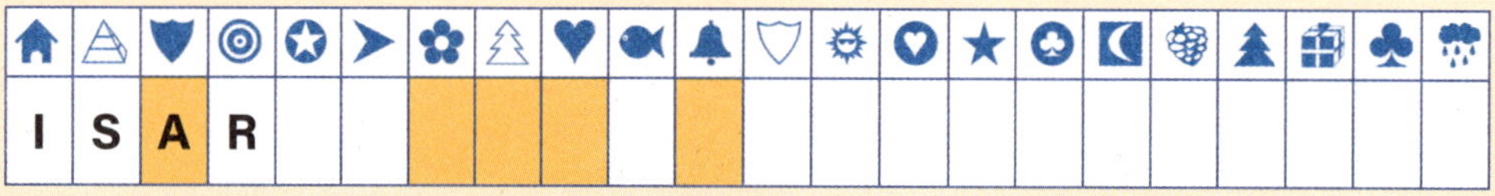

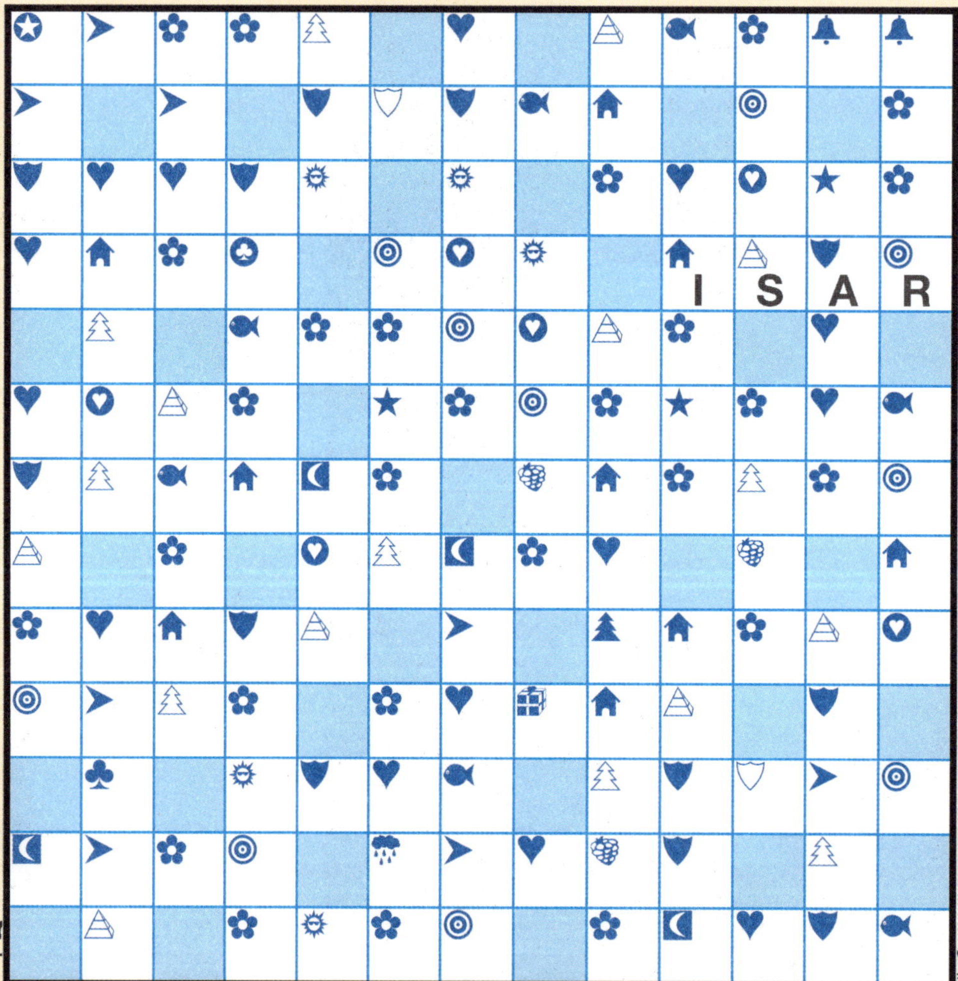

Bayern-Rätsel

Die Bayern sind schon Unikate. Sie haben nicht nur die Wiener Würstchen erfunden, Levi-Jeans und Pils-Bier, sie haben auch den erfolgreichsten deutschen Fußballverein, das Oktoberfest und das Dorf mit den meisten Ortsteilen. Bei 3000 Einwohnern 50 Ortsteile – das gibt es nur in Rudelzhausen. Wie gut kennst du dich in Bayern aus? Teste dein Spezialwissen! Wenn du die Buchstaben der blau hinterlegten Kästen unten einträgst, erhältst du das Lösungswort.

1 Der höchste Campingplatz Bayerns ist zugleich der höchste Deutschlands. Der Campingplatz „Bergheimat" liegt auf 1150 m Höhe. Auf welchem Pass?

2 In welcher Stadt steht Bayerns einziger Leuchtturm?

3 Welche bayrische Biersorte hat einen etwas geringeren Alkoholgehalt?

4 Wie heißt einer der bekanntesten Seen Bayerns mit einer barocken Wallfahrtskirche?

5 Wie heißen in Bayern Frikadellen?

6 Was gehört neben Bluse, Rock und Schürze zu einem Dirndl?

7 In welcher bayerischen Stadt fließen Donau, Inn und Ilz zusammen?

8 Nicht nur den höchsten Berg Deutschlands findet man in Bayern, auch die tiefste Schlucht. Wie heißt sie?

9 Welche Region grenzt nördlich an den Bayerischen Wald?

Lösungswort:

1	2	3	4	5	6	7	8	9	10	11	12

Nationalpark-Quiz

Wie wäre es mit einer deutschlandweiten Nationalparktour?
Bist du bereit für ein kleines Quiz?

1

Welcher Nationalpark ist der älteste Deutschlands?

- ☐ **A** Bayerischer Wald
- ☐ **B** Niedersächsisches Wattenmeer?
- ☐ **C** Schwarzwald

2

Wie viele Nationalparks gibt es überhaupt in Deutschland?

- ☐ **A** 13
- ☐ **B** 16
- ☐ **C** 19

3

In welchem Bundesland liegt der Nationalpark „Hainich", der 1997 gegründet wurde und der sich dem Schutz der heimischen Buchen besonders verpflichtet fühlt?

- ☐ **A** Thüringen
- ☐ **B** Saarland
- ☐ **C** Mecklenburg-Vorpommern

4

Welcher deutsche Nationalpark ist der kleinste?

- ☐ **A** Hamburgisches Wattenmeer
- ☐ **B** Sächsische Schweiz
- ☐ **C** Jasmund

5

Im Osten gelegen und ein echter Geheimtipp: der Nationalpark „Unteres Odertal". Welche der drei Aussagen stimmt nicht?

- ☐ **A** Hier befindet sich die einzige intakte Polder-Landschaft Deutschlands.
- ☐ **B** Der Seeadler hat sich dauerhaft angesiedelt.
- ☐ **C** Fossiliensammler können auf viele Funde hoffen.

On the road again

Was macht Campen so einzigartig? Auf diese Frage gibt es natürlich viele richtige Antworten – eine davon ist aber ganz sicher: Man kann so herrlich spontan sein! Hat man am Wochenende plötzlich Lust wegzufahren? Kein Problem! Der Ort hält nicht, was er verspricht? Dann fährt man einfach weiter! Mit einem Caravan bist du flexibel. Im Buchstaben-Wirrwarr findest du zehn Begriffe aus dem Leben eines leidenschaftlichen Camping-Fans. Die Wörter können in jede Richtung laufen, auch diagonal, rückwärts oder von unten nach oben. Und sie können auch andere Wörter schneiden.

MAUTSYSTEM • GELÄNDEGÄNGIGKEIT • ROUTENPLANUNG • VERKEHRSVORSCHRIFTEN • STAURAUM • KOMFORT • EINFUHRBESTIMMUNGEN • RAUMGEFÜHL • STELLPLATZSUCHE • NAVIGATION

N	K	X	E	S	V	G	W	N	W	M	D	G	R	U	D	I	O	T	Z
S	E	S	O	X	S	E	V	D	B	R	W	I	F	R	Z	E	S	U	L
C	R	T	T	S	J	N	A	V	I	G	A	T	I	O	N	T	W	R	S
Q	U	A	F	T	S	B	G	D	F	Q	N	L	H	U	R	P	Z	T	A
L	E	U	N	I	E	K	G	D	A	U	K	P	T	T	I	O	E	I	X
Z	U	R	Y	E	R	G	Ü	L	A	K	Y	L	N	E	R	L	A	E	O
K	P	A	G	S	O	H	F	V	F	J	Z	W	M	N	L	H	E	K	K
Z	O	U	X	F	Q	Y	C	Y	E	D	A	U	U	P	D	Q	O	G	E
K	K	M	F	T	N	B	W	S	M	S	J	Y	L	L	G	Ü	F	I	G
L	H	Ü	F	E	G	M	U	A	R	R	Q	A	Q	A	P	R	Q	G	E
P	M	A	G	O	N	V	U	Q	M	O	T	N	D	N	B	U	R	N	N
X	F	H	P	R	R	T	S	U	T	Z	V	L	E	U	Z	D	Z	Ä	V
T	Ö	P	R	A	S	T	U	X	S	S	C	S	K	N	R	W	U	G	K
V	O	F	E	Y	O	Q	T	U	A	F	R	E	R	G	Ö	O	D	E	L
J	T	P	S	S	I	D	C	G	Y	Z	G	E	A	H	L	I	C	D	B
S	H	T	O	T	G	H	J	Z	W	Ö	P	B	R	P	E	M	R	N	M
C	E	A	U	R	E	E	Ü	T	F	T	S	R	U	E	R	K	Y	Ä	T
M	N	W	D	H	S	K	W	Ä	I	E	A	I	U	H	E	L	R	L	G
O	E	I	N	F	U	H	R	B	E	S	T	I	M	M	U	N	G	E	N
T	Z	W	B	L	Ö	A	A	N	W	I	V	T	I	T	L	Ü	Z	G	V

Lösungen

Seite 4

Seite 5

Lösungswort: Norwegen

Seite 6

Die richtige Reihenfolge lautet:
Kehl – Mannheim – Worms –Mainz – Rüdesheim – Bingen – Bacharach – Boppard – Andernach – Köln – Düsseldorf
Lösungswort: Drachenfels

Seite 7 oben

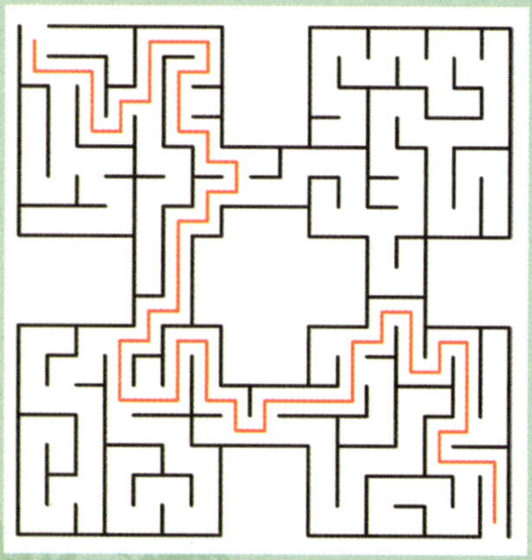

Seite 7 unten

Du hast zum Schluss jeweils ein ganzes Glas Bier und ein ganzes Glas Limonade getrunken, also gleich viel von beidem. Bei der Limonade ist es einfach: Sie ist zu Anfang 1 Glas und es wird keine weitere Limonade hinzugegossen. Beim Bier verhält es sich so:
$1/2 + 1/3 + 1/6 = 3/6 + 2/6 + 1/6 = 6/6 = 1$

Seite 8

1. Ein Leben ohne Camping ist möglich, aber sinnlos!
2. Anfänger machen Urlaub, Profis gehen campen!
3. Zuhause ist da, wo wir parken!

Seite 9

von oben nach unten:
F – B – G – C – E – H – A – D

Seite 10/11

Seite 12 unten

NES-T 111 (Bad Neustadt an der Saale)
ERB-E 222 (Erbach)
NOL-DE 333 (Niederschlesischer Oberlausitzkreis in Niesky)
OG-ER 444 (Offenburg)
TUT-E 555 (Tuttlingen)
SOK-O 666 (Saale-Orla-Kreis)
WUN-D 777 (Wunsiedel)
EF-EU 888 (Erfurt)
HAL-M 999 (Halle/Saale)
RH-EA 110 (Roth/Rednitz)

Seite 13

1 Jugoslawien
2 Artenvielfalt
3 Baeren
4 Oesterreich
5 Ungarn
6 Triglav
7 Ljubljana

Lösungswort: Slowenien

Seite 14 oben

125 cm + (10 × 1,5 cm) = 140 cm. Da der Pegel bereits seit sieben Tagen steigt, kannst du noch drei Tage stehen bleiben.

Seite 14 unten

Dein Wunschziel ist 918 km entfernt.
1275 ÷ 15 = 85.
85 km entsprechen also 1 cm auf der Karte.
10,8 × 85 = 918

Seite 15

NACHTSSINDALLEKATZENGRAU

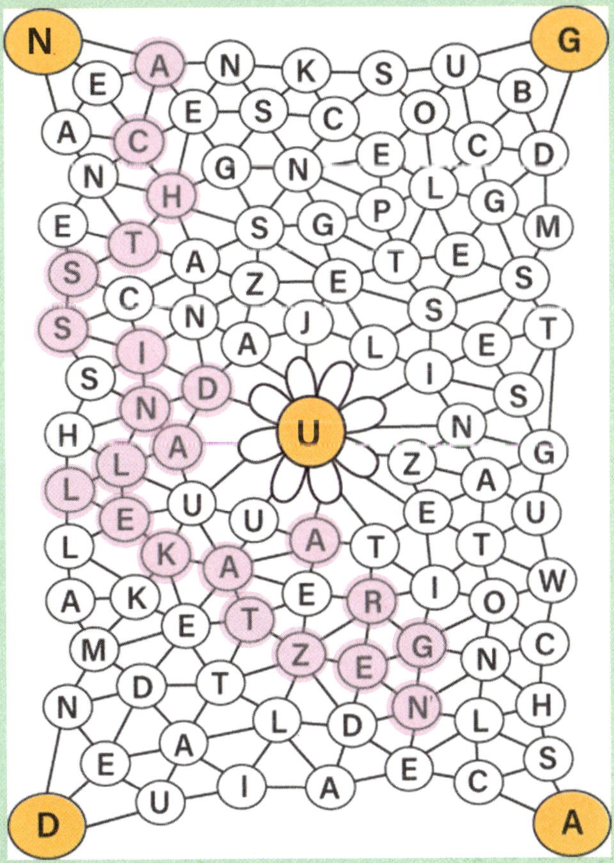

Seite 16/17

1. Jedermannsrecht
2. Alkoven
3. Glamping
4. Wintertauglich
5. Heringe
6. Parzelle
7. Offroad
8. Kompaktmobil
9. Abcampen

Lösungswort: Laubenpieper

Seite 18

Name	Leo	Max	Mika	Jim
Alter	13	10	15	7
Haarfarbe	schwarz	blond	rot	braun
T-Shirt-Farbe	rot	blau	grün	gelb

Seite 19

Lösungswort: Kaesefondue

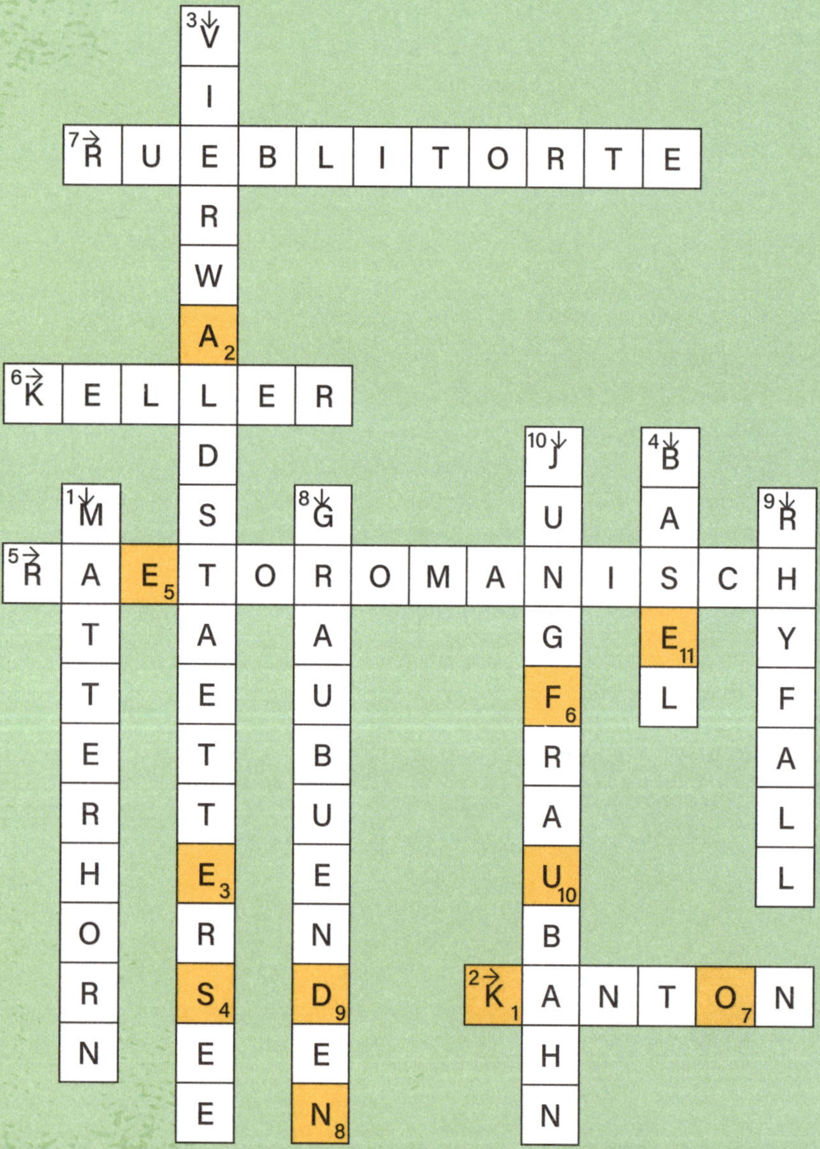

Seite 20 oben

1. D – Basel (A: Weser, B: Spree, C: Rhein)
2. C – Seeigel (A: Bodensee, B: Ammersee, D: Schluchsee
3. B – Mettwurst (A: Hannover, C: Leipzig, D: Paderborn)
4. D – Fledermaus (A: Watzmann, B: Feldberg, C Biberkopf
5. D – Grauburgunder (A: Nussecke, B: Bratwurst, C: Roulade)

Seite 20 unten

Lösung: 3796

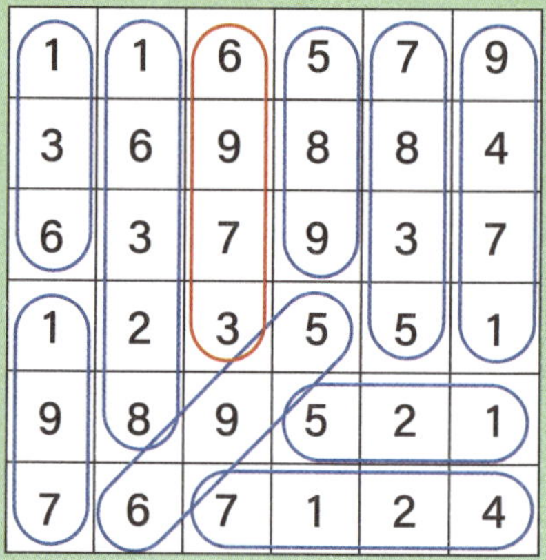

Seite 21

ALL-GAEU
BERCH-TES-GAR-DEN-ER LAND
BO-DEN-SEE
CHIEM-GAU
HARZ
MECK-LEN-BUR-GI-SCHE SE-EN-PLAT-T
MO-SEL
NORD-SEE
OST-SEE
SAECH-SI-SCHE-SCHWEIZ
SCHWARZ-WALD
SPREE-WALD
U-SE-DOM
VUL-KAN-EI-FEL

Seite 22/23

Seite 24 oben

Seite 26/27

1-D; 2-C; 3-D; 4-A; 5-B; 6-D

Seite 28 unten

Barbe
Hecht
Renke

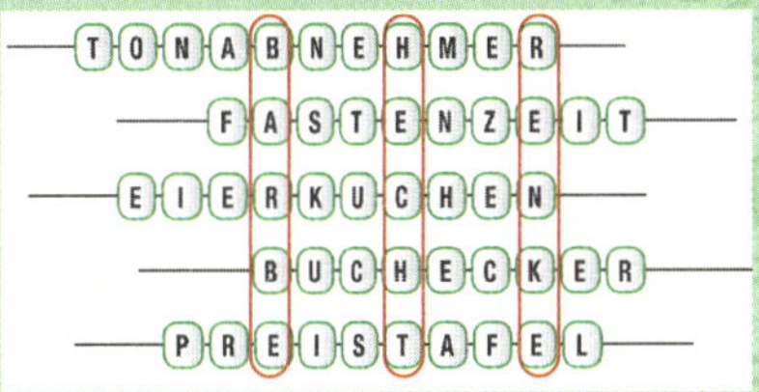

Seite 29

Ausschnitt 2 und 5 sind falsch.

Seite 24 unten

Lösung: 1958

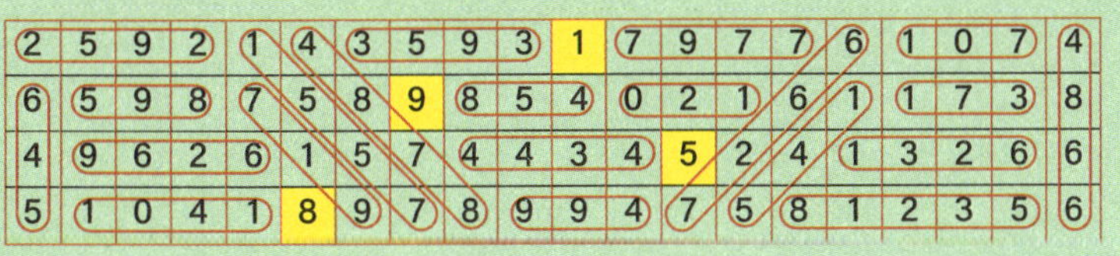

Seite 28 oben

Seite 30

Seite 39

Lösung: Morgenrot Schlechtwetter droht.

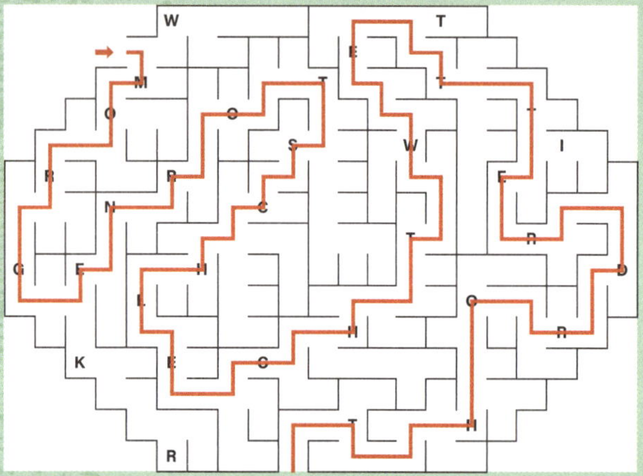

Seite 36/37

				O				T		E		S		B
Z	W	I	C	K	E	L		E	I	S		T	A	L
	O	A	S	E		I	R	E		E	C	O		E
S	C	H	A	R	T	E		W	A	L		F	B	I
	H		R			B	A	U		S	A	F	E	
	E	R	D	O	E	L		R		O		V	I	P
	N	A	A	B		I		S	C	H	R	I	L	L
R	E	U	S	E		N	O	T	A	R		L		O
	N			R	A	G	E		S		A	L	O	E
	D	E	L	O	N		S	E	I	L	B	A	H	N
A	B	I		N	A	G	E	L	N		E		N	
	E	N	G		L			L	O	B	L	I	E	D
	W		I	D	Y	L	L	E		O		F		U
N	E	P	P		S		I		G	E	F	A	H	R
	G		S	T	E	I	N		E		A		U	
S	U	P	E	R		N	O	A	H		H	A	B	E
	N		N	E	T	T		K	O	E	L	N		C
E	G	K		C		E	I	T	E	L		N	A	H
		F	A	K	I	R		E	R	F	R	E	U	T

Seite 32

A - 4
B - 6
C - 8
D - 7
E - 10
F - 2
G - 11
H - 3
I - 5
J - 9
K - 1

Seite 33

1. Schützt die Blumen, esst mehr Fleisch!
2. Salat kann man nicht grillen!
3. Vegetarier essen meinem Essen das Essen weg!
4. Grillen ohne Bier ist möglich, aber sinnlos.
5. Werft den Grill an, wir müssen Fett verbrennen.
6. Fleisch ist mein Gemüse.

Seite 34

A1 - B1 - C1 - D2 - C3 - D4 - D3 - E3 - F3 - G4 - F4 - E5 - D6 - C7 - D8 - E7 - E6 - F7 - G8 - H7 - H8

Seite 35

1 - G Fermina Daza und Florentino Ariza aus: *Die Liebe in den Zeiten der Cholera* von: Gabriel García Márquez

2 - R Elizabeth Bennet und Fitzwiliam Darcy aus: *Stolz und Vorurteil* von: Jane Austen

3 - E Carol Aird und Therese Belivet aus: *Carol oder Salz und sein Preis* von: Patricia Highsmith

4 - T Teresa und Tomáš aus: *Die unerträgliche Leichtigkeit des Seins* von: Milan Kundera

5 - C Jane Eyre und Edward Fairfax Rochester aus: *Jane Eyre* von: Charlotte Brontë

6 - H Daisy Buchanan und Jay Gatsby aus: *Der große Gatsby* von: Francis Scott Fitzgerald

7 - E Arwen und Aragorn aus: *Der Herr der Ringe* von: J. R .R. Tolkien

8 - N Anna Karenina und Graf Alexej Wronskij aus: *Anna Karenina* von: Lew Tolstoi

Lösungswort: Gretchen

Seite 38

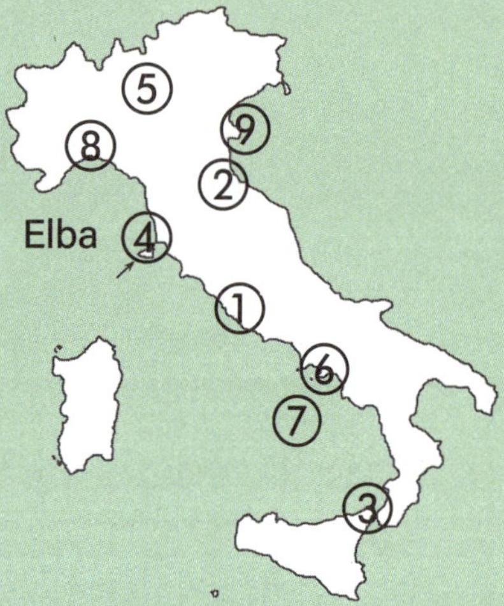

Seite 39

Lösung: 1931

1	1	5	4	6	3	9	3	6	1	7	2	9	5	7	3	7	6	5	7
1	9	3	6	2	6	9	5	2	9	2	8	1	3	4	9	4	9	1	3
5	7	8	6	2	3	4	4	3	7	4	2	6	8	1	8	8	2	4	4
6	2	2	6	6	9	3	7	5	3	6	1	7	6	4	1	3	8	5	2

Seite 40 oben

1651
918 733
613 305 428
435 178 127 301
333 102 76 51 250
272 61 41 35 16 234
228 44 17 24 11 5 229

Seite 40 unten

Lösungswort: Berggipfel

KLETTER	S	E	I	L				SCHAFT
BERG	H	Ö	H	E	N			METER
GIPFEL			P	F	A	D		ZEICHEN
MAGNET	K	O	M	P	A	S	S	NADEL
GERÖLL	L	A	W	I	N	E	N	GEFAHR
HÖHEN		Z	U	G				SPITZE
GEBIRGS				G	R	A	T	WANDERUNG
BERG	S	T	U	R	Z			FLUT
WANDER		S	T	E	I	G		EISEN
STURZ				B	A	C	H	FORELLE

Seite 41

									■	■	■	■	S	■
									P	O	L	I	C	E
									■	P	E	C	H	■
									S	T	E	H	E	R
									■	I	■	■	V	A
									■	K	O	M	E	T
									■	■	L	■	N	■
■	B	■	■	■	■	■	■	A	R	T	E	R	I	E
R	E	M	B	R	A	N	D	T	■	A	■	U	N	D
■	S	U	R	E	■	E	■	O	■	L	A	N	G	E
M	E	R	I	N	O	W	O	L	L	E	■	■	E	■
■	T	■	S	■	B	■	E	L	A	N	■	U	N	E
■	Z	E	E	L	A	N	D	■	S	T	A	N	■	A
R	T	L	■	I	M	■	E	M	S	■	A	Z	U	R
■	■	K	U	D	A	M	M	■	I	R	R	E	A	L

Seite 42/43

1: Antwort C, Weimar.
2: Antwort C, Ulmer Münster. Mit 161,5 m im Gegensatz zum Kölner Dom (157,4 m), St. Nikolai, Hamburg (147,3 m) und der Frauenkirche in Dresden (91 m) ist das Ulmer Münster am höchsten.
3: Antwort A, Ingolstadt.
4: Antwort C, die Müritz. Sie ist mit 112,6 km² deutlich größer als die anderen (Plauer See 38,4 km², Chiemsee 79,9 km², Starnberger See 56,3 km².
5: Antwort C. Es gibt 7 Sakramente und er hat 7 Türme. Seine Bauzeit betrug 40 Jahre, im unteren Teil ist er romanisch, im oberen Teil gotisch und er ist weiß-rot-braun.
6: Antwort D. Der Main ist 569 km lang, die Spree 382 km, der Neckar 362 km und die Havel 325 km.
7: Antwort A. Der Mittellandkanal ist 325 km lang, der Dortmund-Ems-Kanal 270 km, der Wesel-Datteln-Kanal 186,5 km und der Rhein-Herne-Kanal 46 km.
8: Antwort C. Die Hessigheimer Felsengärten stehen an der Mosel.
9: Lösung B. Der Fürst-Pückler-Park ist der größte Landschaftspark Zentraleuropas mit 830 ha. Die Blumeninsel Mainau ist 45 ha groß, Park Sanssouci 300 ha und der Bergpark Wilhelmshöhe 560 ha.

Seite 44 oben

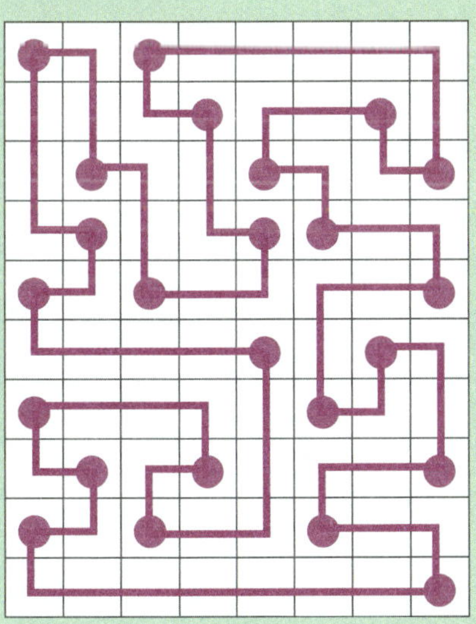

Seite 44 unten

Dresden (F)
Meißen (I)
Riesa (S)
Torgau (C)
Wittenberg (H)
Dessau (O)
Magdeburg (T)
Tangermünde ((T)
Wittenberge (E)
Otterndorf (R)

Lösungswort: Fischotter

Seite 45

Seite 46/47

1: Fado
2: Sintra
3: Kohlkopf
4: Nazaré
5: Spanien
6: Douro
7: Algarve

Lösungswort: Portugal

Seite 48

1 H Lissabon ist die Hauptstadt Portugals. Die Stadtgründung basiert auf Stützpunkten der Phönizier, die dort bereits um 1000 v. Chr. angelegt wurden.
2 B Die schwedische Hauptstadt Stockholm ist die größte Stadt in Skandinavien und liegt inmitten zahlreicher Buchten, Landzungen und Inseln.
3 E Die Hauptstadt Deutschlands, Berlin, wurde von 1961 bis 1989 durch eine Mauer rund um den Westteil der Stadt in zwei Teile geteilt.
4 I Budapest, die Hauptstadt Ungarns, ist im Jahr 1873 durch die Zusammenlegung der zuvor selbstständigen Städte Buda, Óbuda sowie Pest entstanden.
5 C Die griechische Hauptstadt Athen gilt als Wiege der Demokratie und liegt auf der Halbinsel Attika, die weit in die Ägäis hineinragt.
6 J Der Name der dänischen Hauptstadt Kopenhagen hat die ursprüngliche Bedeutung »Kaufmannshafen«.
7 D Istanbul hieß früher zuerst Byzantion und dann Konstantinopel. Die größte Stadt der Türkei liegt am Bosporus und besteht aus einem europäischen und einem asiatischen Teil.
8 G London ist die Hauptstadt des Vereinigten Königsreichs. Die Stadt liegt im Südosten Englands an der Themse.
9 F Der Monarch des Staates Vatikanstadt ist der Papst. Die Vatikanstadt liegt innerhalb der italienischen Hauptstadt Rom.
10 A Eine berühmte Sehenswürdigkeit in der tschechischen Hauptstadt Prag ist die Karlsbrücke, die erst im Jahr 1870 nach Kaiser Karl IV. (1316–1378) benannt wurde.

Seite 49

Wolność – Polen
Libertà – Italien
Liberdade – Portugal
Frihet – Schweden
Frelsi – Island
Vrijheit – Niederlande
Frihet – Norwegen
Libertad – Spanien
Liberté – Frankreich
Sloboda – Kroatien
Frihed – Dänemark
Svoboda – Slowenien
Vapaus – Finnland
Özgürlük – Türkei
Szabadság – Ungarn
Freedom – Großbritannien

Seite 50

Q	W	T	E	S	L	J	Y	Z	K	H	G	C	M	V
A	W	L	C	W	G	Z	H	B	F	Z	O	W	A	A
T	F	U	L	R	A	L	O	P	U	V	A	H	T	L
N	E	T	H	C	U	E	L	R	E	T	T	E	W	G
O	B	S	C	H	N	E	E	F	A	L	L	I	A	I
R	V	W	A	G	I	K	V	F	M	B	D	T	R	L
F	J	G	I	G	R	A	U	P	E	L	N	E	M	U
T	E	G	O	N	E	K	L	O	W	I	T	R	F	U
L	O	C	E	T	D	F	Z	L	P	T	J	E	R	H
A	Y	B	E	D	E	C	K	T	I	Z	D	U	O	P
K	E	W	C	N	O	R	D	W	I	N	D	A	N	M
L	E	T	R	Ü	G	N	E	G	E	R	E	H	T	H
I	D	U	N	I	D	G	N	F	K	V	H	C	M	U
M	O	N	S	U	N	C	V	N	T	A	S	S	A	P
A	U	L	D	U	W	L	N	Q	S	C	E	E	Z	E

Seite 51

1. Fakt
2. Fake. Junge Steinpilze und junge Gallenröhrlinge sehen sich oft zum Verwechseln ähnlich. Ein Gallenröhrling kann die gesamte Pilzmahlzeit ruinieren, denn er schmeckt, wie der Name schon sagt, gallenbitter. Die gute Nachricht: Immerhin ist er nicht giftig.
3. Fake. Birkenpilze wachsen nur bei Birken.
4. Fakt. Pilzsammler sollten daher alle Merkmale der Knollenblätterpilze im Schlaf herunterbeten können und beim geringsten Zweifel auf die Pilzmahlzeit verzichten.

Seite 54

oben: AZORENHOCH, BODENNEBEL, HITZEWELLE, HOCHSOMMER, KLIMAZONE, LUFTDRUCK, MEERESLUFT, NACHTFROST, NIEDERSCHLAG, POLARFRONT, SPRUEHREGEN, TROCKENZEIT, WETTERKARTE, WINDRICHTUNG, WIRBELSTURM

unten: ABENDROT, BAROMETER, BODENNEBEL, FALLWIND, GEWITTERFRONT, GRAUPELSCHAUER, HOCHDRUCKGEBIET, HURRIKAN, ISOBAREN, POLARLICHT, REGENBOGEN, SCHLEIERWOLKEN, SCHNEEGESTOEBER, SONNENAUFGANG, WOLKENBRUCH

Seite 52/53

			A			G		O			I		I	
E	H	E	F	R	A	U		N	E	U	W	E	R	K
	E	L	F	E		A	B	E	R		A		A	
	L	I	E	G	E	N			H	A	N	D	K	E
E	G	O		I		O	R	D	E	R		A		W
	O	T	T	E	R		E		B	A	I	S	S	E
	L		I		H	A	I		E		N		K	R
	A	K	T	I	E		B	A	N	A	T		U	
A	N	N	A		T	R	E	U		M	I	L	L	E
	D	I	N	G	O			T	U	M	M	E	L	N
		C			R	E	N	O		E		I		G
B	A	K	U		I		A		K	R	E	M	P	E
	D		L	A	K	E	N		U		L		I	
M	E	S	S	I		K	U	G	E	L	B	A	K	E
	B		T	O	L	L		A	R	E	A	L		S
K	A	B	E	L		A	L	L	E	S		S	M	S
	R		R	I	T	T		A	N	E	M	O	N	E

Seite 55

A – 8
B – 17
C – 2
D – 4
E – 6
F – 14
G – 13
H – 5
I – 12
J – 15
K – 7
L – 10
M – 3
N – 1
O – 11
P – 18
Q – 9
R – 16

Seite 56

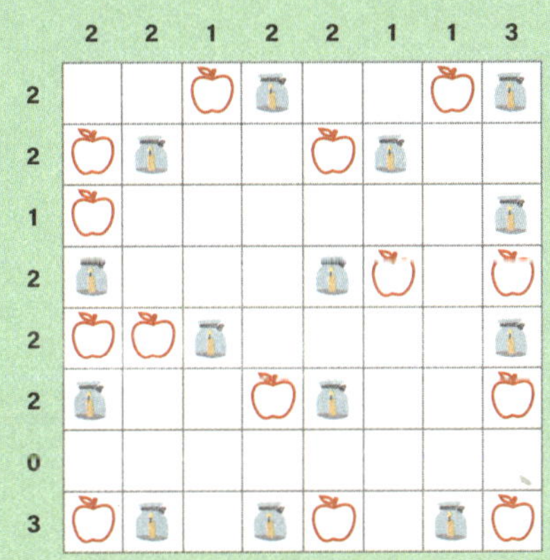

Seite 57

Lösungswort: Atmosphaere

E	A	N	U	F	I	A	T	N	E	H	P	O	R	T	S	A	T	A	K
S	C	H	N	E	E	O	U	R	E	N	N	O	D	C	E	T	R	A	T
O	N	S	M	O	R	S	S	S	U	G	S	F	H	K	E	S	U	O	U
H	A	O	P	N	N	N	H	E	O	F	E	A	I	K	A	N	I	R	B
D	K	N	A	O	Z	T	I	L	B	I	U	R	L	R	H	E	N	R	M
N	R	D	M	N	E	I	S	E	T	E	F	O	S	A	N	E	L	O	B
I	O	E	T	N	O	R	F	M	R	A	W	I	H	I	T	Z	E	T	S
W	R	D	R	A	Z	Z	I	L	B	H	A	G	E	L	E	B	E	N	E
E	S	I	E	T	T	A	L	G	A	L	H	C	S	R	E	D	E	I	N

Seite 58/59

Seite 60

Bel-gi-en
Dä-ne-mark
Finn-land
Frank-reich
Grie-chen-land
I-ta-li-en
Kro-a-ti-en
Nie-der-lan-de
Nor-we-gen
Ös-ter-reich
Por-tu-gal
Schwe-den
Slo-we-ni-en
Spa-ni-en
Tsche-chi-en

Seite 61

1: Antwort C. Die Alpen finden sich in der Schweiz, Deutschland, Österreich, Frankreich, Italien, Slowenien, Liechtenstein und Monaco.
2: Antwort B. Die Fahrt geht durch Deutschland, Österreich, Slowenien, Kroatien, Bosnien und Herzegowina sowie Montenegro.
3: Antwort C. 510 km.
4: Antwort A. Island hat 3,7, Finnland 18.8, Estland 30,9 und Rumänien 81,6 Einwohner pro km^2.
5: Antwort B. Malta hat 1656,7, die Niederlanden 513, Liechtenstein 248 und Deutschland 236 Einwohner pro km^2.

Seite 62

Lösungswort: Grillzange

ZELT	L A **G** E R	FEUER
WOHNWAGEN	T U E **R**	SCHLOSS
KUGEL	G R **I** L L	PLATZ
FEUER	K O H **L** E	SACK
FUSS	B A L **L**	SPIEL
CAMPING	P L A T **Z**	VERWEIS
KAFFEE	K L **A** T S C H	REPORTER
GAS	F L A S C H E **N**	GEIST
WATT	W A **G** E N	FAHRT
BAUCH	S P **E** C K	BRETT

Seite 63

AHK (Anhängerkupplung)
CSD (Caravan Salon Düsseldorf)
CMT (Caravan, Motor und Touristik)
ESP (Electric Power Steering/ elektrisch gesteuerte Lenkunterstützung)
GFK (Glasfaserverstärkter Kunststoff)
HEKI (Einbaufenster im Wohnmobildach)
MBAR (Millibar)
WOMO (Wohnmobil)

L	S	A	G	R	Z	B	K	E	V	N	A	K	K	E	H
K	L	E	A	L	D	N	O	M	O	W	A	B	T	H	E
L	A	S	H	I	S	U	B	T	B	A	L	R	G	F	K
T	E	P	V	K	H	A	O	M	D	R	C	S	D	L	I
O	U	S	P	N	R	R	S	L	X	T	M	T	N	I	A
R	H	H	I	R	T	T	I	I	N	R	T	S	T	M	R

Seite 64/65

1 – G
2 – B
3 – E
4 – H
5 – D
6 – A
7 – F
8 – C

Seite 66

I	S	A	R	Q	U	E	N	L	T	P

M	H	O	G	B	K	D	W	V	X	F

Lösungswort: Alpen

Seite 67

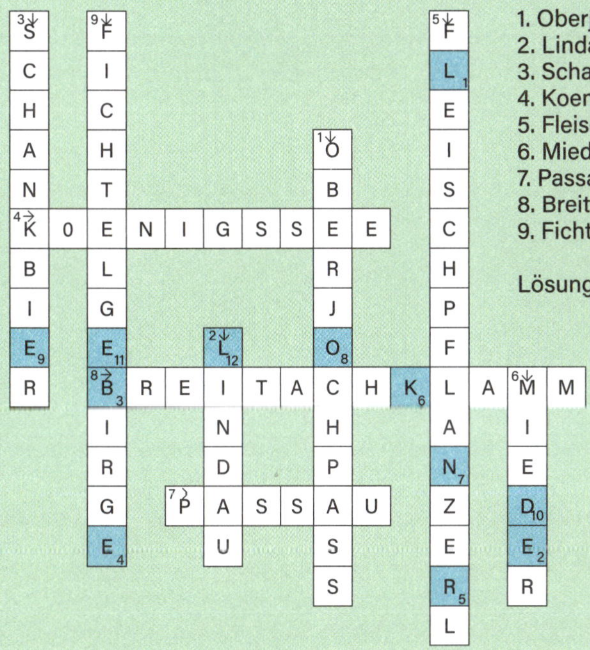

1. Oberjochpass
2. Lindau
3. Schankbier
4. Koenigssee
5. Fleischpflanzerl
6. Mieder
7. Passau
8. Breitachklamm
9. Fichtelgebirge

Lösungswort: Leberknoedel

Seite 68

1: Antwort A. Der Nationalpark „Bayerischer Wald“ wurde bereits 1970 gegründet und ist damit der älteste Nationalpark Deutschlands.
2: Antwort B. Es gibt 16 Nationalparks in Deutschland.
3. Antwort: Thüringen.
4: Antwort C. Der Nationalpark „Jasmund“ auf Rügen, berühmt für die weißen Felsen aus Kreidekalk, ist mit 3070 ha der kleinste Deutschlands.
5: Antwort C. Für Fossilienfunde ist der Nationalpark nicht bekannt.

Seite 69

N	K	X	E	S	V	G	W	N	W	M	D	G	R	U	D	I	O	T	Z
S	E	S	O	X	S	E	V	D	B	R	W	I	F	R	Z	E	S	U	L
C	R	T	T	S	I	N	A	V	I	G	A	T	I	O	N	T	W	R	S
Q	U	A	F	T	S	B	G	D	F	Q	N	L	H	U	R	P	Z	T	A
L	E	U	N	I	E	K	G	D	A	U	K	P	T	T	I	O	E	I	X
Z	U	R	Y	E	R	G	Ü	L	A	K	Y	L	N	E	R	L	A	E	O
K	P	A	G	S	O	H	F	V	F	J	Z	W	M	N	L	H	E	K	K
Z	O	U	X	F	Q	Y	C	Y	E	D	A	U	U	P	D	Q	O	G	E
K	K	M	F	T	N	B	W	S	M	S	J	Y	L	L	G	Ü	F	I	G
L	H	Ü	F	E	G	M	U	A	R	R	Q	A	Q	A	P	R	Q	G	E
P	M	A	G	O	N	V	U	Q	M	O	T	N	D	N	B	U	R	N	N
X	F	H	P	R	R	T	S	U	T	Z	V	L	E	U	Z	D	Z	Ä	V
T	Ö	P	R	A	S	T	U	X	S	S	C	S	K	N	R	W	U	G	K
V	O	F	E	Y	O	Q	T	U	A	F	R	E	R	G	Ö	O	D	E	L
J	T	P	S	S	I	D	C	G	Y	Z	G	E	A	H	L	I	C	D	B
S	H	T	O	T	G	H	J	Z	W	Ö	P	B	R	P	E	M	R	N	M
C	E	A	U	R	E	E	Ü	T	F	T	S	R	U	E	R	K	Y	Ä	T
M	N	W	D	H	S	K	W	Ä	I	E	A	I	U	H	E	L	R	L	G
O	E	I	N	F	U	H	R	B	E	S	T	I	M	M	U	N	G	E	N
T	Z	W	B	L	Ö	A	A	N	W	I	V	T	I	T	L	Ü	Z	G	V

Bildnachweis:

Fotos/Illustrationen:

stock.adobe.com:

© Abigail Marie (S. 2/3); © Andrew Atkinson (S. 8); © AGCuesta (S. 10/11); © anatoliy_gleb (S. 14/15); © anetlanda (S. 4); © AnneSophie (S. 12/13); © anntre (S. 18); © Benjamin [,O°] Zweig (S. 61); © Boma (S. 1); © Brian Scantlebury (S. 29); © Budjak Studio (S. 45); © canjoena (S. 19); © cemanphotos (S. 62/63); © Dariia (S. 7, 55); © Elena Chernina (Hintergründe); © EVERST (S. 5); © haiderose (S. 56/57); © icemanphotos (S. 41); © jakkapan (S. 24/25); © Jan Engel S. 67); © Jenifoto (S. 39); © Kevin Schmid (S. 68); © KseniaKrop (S. 40); © Kuku Namuniu (S. 7); © lana_samcorp (S. 33); © logistock (S. 20); © M (S. 52/53); © Maria Sbytova (S. 58/59); ©MartiFerretPhoto (S. 46/47); © Martin Mecnarowski (S. 9, 16/17); © Maya (S. 42/43); © McKay (S. 38/39); © Nataly-Nete (S. 48); © natrot (Hintergründe); © Netzer Johannes (S. 30); © New Africa (S. 35); © noche (S. 55); © Nordreisender (S. 54); © oleksii.leonov (S. 64/65); © Pellinni (S. 32); © Petair (S. 6); © pixelliebe (S. 51); © Prazis Images (S. 50); © Сергей Жмурчак (S. 49); © Shrimpers Design (S. 36/37); © Stefan Kretzschmar (S. 21); © Steffen Eichner (S. 22/23); © StingerMKO (S. 20); © TALVA (S. 18, 28, 34, 66, 67); © Viks_jin (S. 26/27); © vita (S. 31); © Woods (S. 60)

freepik:

twolimeprints (S. 7 o. (Labyrinth), S. 28 o. (Labyrinth))

unsplash.com:

© Betrand Borie (S. 44)

Rätsel:

Rätsel Krüger GmbH, Lübeck (S. 4, 11, 12, 23, 24 u., 28 u., 31, 34, 36, 38, 41, 44 o., 48, 50, 52, 56, 57, 58, 66)

Philip Kiefer (S. 18, 38, 44)